教育部人文社会科学研究青年基金项目"新业态环境下高校图书馆专业馆员职业能力研究"（项目编号：15YJC870020）研究成果

新业态环境下高校图书馆
专业馆员职业能力研究

王启云　等著

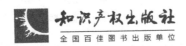

知识产权出版社
全国百佳图书出版单位

图书在版编目（CIP）数据

新业态环境下高校图书馆专业馆员职业能力研究/王启云等著. —北京：知识产权出版社，2019.4（2019.9 重印）

ISBN 978-7-5130-6189-6

Ⅰ.①新… Ⅱ.①王… Ⅲ.①院校图书馆—图书馆员—能力培养—研究—中国 Ⅳ.①G251.6

中国版本图书馆 CIP 数据核字（2019）第 063074 号

内容提要

本书旨在探讨新业态环境下如何培养高校图书馆专业馆员新的职业能力，以作为图书馆员职业能力指标和教育规划的参考：本书系统调查了国内外图书馆职业能力研究进展，明晰了高校图书馆专业馆员职业能力研究的基本问题，探索了新业态环境下高校图书馆专业馆员职业能力的变迁，初步构建了职业能力体系模型，并为高校图书馆职业能力分级与评价提出了对策建议。本书附研究过程中撰写的研究随笔。本书既可以作为高校图书馆人力资源规划的基础，也可以作为图书馆学、情报学、信息管理相关领域的教学、研究与实践参考用书。

责任编辑：许　波　　　　　　　　　　　**责任印制：孙婷婷**

新业态环境下高校图书馆专业馆员职业能力研究

XINYETAI HUANJINGXIA GAOXIAO TUSHUGUAN ZHUANYE GUANYUAN
ZHIYE NENGLI YANJIU

王启云　等著

出版发行：知识产权出版社有限责任公司		网　址：http://www.ipph.cn	
电　话：010-82004826		http://www.laichushu.com	
社　址：北京市海淀区气象路50号院		邮　编：100081	
责编电话：010-82000860 转 8380		责编邮箱：xubo@cnipr.com	
发行电话：010-82000860 转 8101		发行传真：010-82000893/82005070	
印　刷：北京虎彩文化传播有限公司		经　销：各大网上书店、新华书店及相关专业书店	
开　本：720mm×1000mm　1/16		印　张：11.75	
版　次：2019 年 4 月第 1 版		印　次：2019 年 9 月第 2 次印刷	
字　数：177 千字		定　价：46.00 元	

ISBN 978-7-5130-6189-6

你是专业图书馆员吗？这本宝典告诉你

代　序

2018 年 12 月 24 日，启云给我发微信，告知其承担的教育部项目"新业态环境下高校图书馆专业馆员职业能力研究"已办结题手续，正在联系出版，邀我写序。我乐意看到年轻人的成长，喜欢借写序之机对新秀新作先睹为快，曾为比我小的启云、刘欣、翟桂荣、郑永田、刘时容等人的大著献过陋序，颇有沦为"写序专业户"的自责感。启云的《图书馆学随笔——图谋博客精粹》（国家图书馆出版社，2011 年 12 月）就是我写的序言，此番再邀，我稍有拒意，但是面对他的诚恳，我的"大哥感"再次爆棚，觉得还是没有理由不继续支持。

启云的网名叫"图谋"，意思是"为图书馆学谋，为图书馆事业谋"，其所散发出来的敬业、执着、雄心和霸气，给我留下深刻印象。"忠厚、好学、勤奋、执着"这些标签是属于启云的。启云从 2005 开始写"图谋博客"，坚持至今，且于 2014 年创建了成员逾两千的名为"圕人堂"的 QQ 群，应该是图书馆界的第一大群。启云作为堂主、群主、主编，连续发布《圕人堂周讯》240 余期，传播大量有价值的专业信息，受到广泛好评。十几年来，启云始终挺立互联网潮头，笔耕不辍，热心组织，在图书馆界赢得大量粉丝，号召力、凝聚力、影响力日益增长。

《新业态环境下高校图书馆专业馆员职业能力研究》是在启云主持的教育部人文社会科学研究青年基金项目研究成果的基础上成书的，学术团队由高校图书青年馆员构成，堪称新一代图书馆员书写的新时代学术画卷。该书旨在探讨新业态环境下如何培养高校图书馆专业馆员的职业能力，以作为制定图书馆员职业能力指标和图书馆员教育规划的参考。课题组系统调查了国内外图书馆职业能力研究的进展，明晰了高校图书馆专业馆员职业能力建设的基本问题，探索了新业态环境下高校图书馆专业馆员职业能力的变迁，初步构建了高校图书馆专业馆员职业能力体系，并为高校图书馆专业馆员职业能力分级与评价提出对策建议。项目组已发表阶段性成果论文 11 篇，8 篇刊登在 CSSCI 核心期刊上，3 篇刊登在 CSSCI 扩展版期刊上，均为图书情报领域重要期刊，比如《大学图书馆学报》《图书情报知识》《图书情报工作》等。《高校图书馆工作》曾专门推出"图书馆员职业能力培养"专题，刊发该项目成果 3 篇。《大学图书馆学报》2016 年第 3 期发表的《国内外图书馆职业能力研究进展与启示》，2018 年底被江苏省图书馆学会评为江苏省第六届图书馆学情报学学术成果一等奖。此书扎实的学术质量，由此可见一斑。

《新业态环境下高校图书馆专业馆员职业能力研究》一书分为 9 章："绪论""国内外图书馆职业能力研究进展与启示""高校图书馆专业馆员职业能力认识与需求调查研究""美国高校图书馆专业馆员职业能力调查与分析——高校图书馆招聘视角""岗位设置视角下的高校图书馆专业馆员职业能力研究""高校图书馆专业馆员职业能力变迁研究——机构设置视角""高校图书馆专业馆员职业能力的社会环境解析""图书馆职业道德中的"休谟问题"研究——基于图书馆员职业能力视角""北美高校图书馆数字学术支持人员设置调查与分析"。书后附研究过程中撰写的随笔。

综观全书，视角独到，精心安排，内容丰富。我一直主张学者应该响应王力、陈平原等大学者的号召，两套笔法齐头并进，一套撰写规范的学术论文，表达思想，志在雕龙，一套撰写自由谈，表达感悟，甘于雕虫，对学术成果也是一种的很好的普及。而且很多大学者以雕虫心态写的小品短章，若干年后常常比学术论文流传更广、影响更远，原因是学术论文容易因时代和环境的变迁而过时，而随笔却因为蕴含丰富的细节，经过时间的发酵，而容易摇身一变为学科史研究的珍贵史料。启云的《高校数字图书馆建设评估研究》（中国书籍出版社，2012 年 9 月）一书的书后，就附有记录学位论文撰写感悟的博客日志，获得良好的市场反响，据读秀学术搜索统计，目前已有 647 家图书馆收藏，这对于较为小众的图书馆学学术专著来说是难能可贵的。循那本书的做法，启云的《新业态环境下高校图书馆专业馆员职业能力研究》继续附录随笔，以将好的经验发扬光大。

我在很多场合讲图书馆学论文写作的时候，把图书馆学论文的来源归结为 4 个：看来的、问来的、干来的、算来的。举"问来的论文"的例子时，常常讲启云如何通过"圕人堂"，广泛调研国内外高校图书馆关于图书馆员职业能力的政策和文件，尤其是从美籍华裔图书馆员那里了解到丰富、详细的美国高校图书馆的情况。善于利用超级群主的独特身份，"东打听西咨询"，已经成为启云搞图书馆研究颇具个性色彩的方法论，这导致他的成果具有资料详实、数据新颖的特点，故而《新业态环境下高校图书馆专业馆员职业能力研究》一书广征博引的信息是该书的优势，尤其应该引起大家的重视。若非要瑜中指瑕的话，此书美中不足的是概念、体例、风格不够统一，大概是因为出于众人之手，课题组各个成员的领会能力、研究视角不一样，导致出现对焦偏差，语言风格亦有差别。

2018 年 12 月 1 日，2018—2022 年教育部高等学校图书情报工作指导委员会（简称图工委）成立，在工作计划方面形成 10 条共识，第 1 条是"制定馆员资质标准、培训内容标准、职业能力标准，编制培训大纲和教材，和社会各界合作，对新任馆长、馆员进行线上线下培训，既培养其专业素养，又培养其爱岗敬业的情怀，既面向全国，又关注最需要的区域，以改变高校图书馆发展不平衡的现状"。这一届图工委的领导，通过广泛调研发现，随着高校处级干部任期制的普及，大量非图书馆学科班出身的行政干部调任图书馆长，随着学科馆员制度的普及，大量非图书馆学科班出身的高校毕业生补充进图书馆员队伍，从馆长到馆员，都迫切需要进行职业能力的专业培训，所以把馆员培训作为新一届图工委的首要任务，将来要进行全国性的大规模的轮训。培训需要教材和参考书，启云的《新业态环境下高校图书馆专业馆员职业能力研究》一书的出版，可谓适逢其时。

经过十几年岁月的磨砺，我和启云都已经从心志拿云的青年人变成忧患事业的中年汉，再一次出书，博名求赞的心情已远远让位于推动事业的渴望，但愿启云的这本书能够真正被教育主管部门、专业协会所吸收，转化为政策、文件和行动，切实推动高校图书馆事业的发展。

王波

2019 年 1 月 2 日于北京大学

（王波，研究馆员，《大学图书馆学报》副主编）

前　言

　　图书馆事业为满足不同读者需求而进行相应要素组合所形成的运行形态，是影响图书馆职能变化的重要因素。由于泛在网络发展和商业信息服务竞争，使用户需求朝着多渠道、移动化、社交化等方向发展，促使图书馆向着新的业态转变。而图书馆新业态环境要求图书馆员职业核心能力随之改变，以应对信息环境和社会环境对图书馆的冲击。图书馆员是图书馆运作的重要资源。图书馆员职业化经历了至少两百多年，然而由于图书馆的财政压力、网络环境的冲击、现有制度的制约以及专业教育与实际工作需要脱节等原因，近年出现了图书馆员去职业化的理论思潮与现象。职业资格制度是行业健康有序发展的基础，来自法律和制度上的保障是保证图书馆事业特别是图书馆职业化发展的重要因素。我国图书馆主要有公共、高校、科研三大系统，在行政隶属上分别由平行的不同部门主管，缺少一个统一的、具有权威的、有效的行业主管单位，对于跨系统的行业指令，不同系统仅将其作为参考，无须强制执行。在建立和实施职业资格制度上，目前乃至今后较长时间内还无法做到政令通畅、系统统一。我国对图书馆职业能力的研究是比较薄弱的，但需求是十分迫切的。2015 年 2 月，《中华人民共和国公共图书馆法草案（送审稿）》已报国务院审议，该法征求意见稿第四十条（人员聘任和岗位管理）陈述"公共图书馆实行聘用制度和岗位管理制度。业务岗位工作人员应当具备相应的专业知识与技能，遵循国家有关职业资格。国家建立统一的图书馆专业人员岗位培训和继续教育制度，具体办法由国务院人力资源社会保障部门会同国务院文化主管部门制定"。《普通高等学校图书馆规程（修订）》2014 年修订稿首次提出区分专业馆员和辅助人员，并要求"专业馆员一般应具有本科以上学历，并经过图书馆学专业教育或系统培训，符合行业的资格准入条件。高等学校图书馆的辅助人员是图书馆工作人员的组成部分，按岗位需求和相关规定进行聘用和考核"。修订原则特别强调："对于高校图书馆职能的扩展要反映当前形势的发展，提出新的要求"。

近年来，国外对图书馆职业能力研究已经取得了丰富的成果，为相关研究的后续展开奠定了良好的理论基础。但现有的文献很少提及专门的高校图书馆职业能力研究，同时也缺乏实证研究。相较于欧美已经纷纷提出许多一般图书馆员或图书信息人才的普遍职业能力规范，中国没有特定组织对图书馆员能力提出标准，对于图书馆员职业能力尚未有明确性的指标或共识。目前中国的研究仍存在薄弱之处：一是研究针对各种类型图书馆或侧重于某一方面（如专门图书馆、图情硕士教育等），而对高校图书馆职业能力缺乏全面、深入的研究；二是尚未提出可供实践参考的高校图书馆职业能力体系模型。为此，我们承担了教育部人文社会科学研究青年基金项目"新业态环境下高校图书馆专业馆员职业能力研究"（项目编号：15YJC870020）的研究，课题组成员：王启云（淮海工学院，副研究馆员）、鄂丽君（燕山大学，副研究馆员）、王爱（淮海工学院，副研究馆员）、王浩（上海财经大学，博士）。课题组开展的主要工作是在前人研究的基础上，围绕如何在新业态环境下培养高校图书馆专业馆员新的职业能力，结合图书馆和图书馆学发展史、图书馆社会职能和社会责任、图书馆学科体系和工作内容、图书馆工作者特质和素养等多角度考察高校图书馆职业能力，系统调查了国内外图书馆职业能力研究进展，明晰了高校图书馆专业馆员职业能力研究的基本问题，探索了新业态环境下高校图书馆专业馆员职业能力的变迁，初步构建了职业能力体系模型并为高校图书馆职业能力分级与评价提出对策建议。

该课题研究主要分9部分，形成9章内容，由此构成本书的内容。

第一章：绪论。总结新业态环境下高校图书馆专业馆员职业能力国内外研究的现状和趋势，明确课题研究的重点和方向，在此基础上提出课题的研究内容和研究方法。由王启云撰写。

第二章：国内外图书馆职业能力研究进展与启示。以中外文数据库及网络搜索引擎检索到的文献为基础，运用文献调查法、内容分析法、比较研究法等，对国内外图书馆职业能力研究领域的进展进行述评。总

结了研究和实践的特点，包括：与各方加强合作；明晰图书馆职业能力
研究的基本问题；深入了解新业态环境下图书馆专业馆员职业能力的变
迁；准确认识和把握研究内容；构建实用的职业能力体系模型；充分发
挥各级各类图书馆学（协）会的作用等，可为我国图书馆职业能力提升
提供参考与借鉴。由王启云撰写。

　　第三章：高校图书馆专业馆员职业能力认识与需求调查研究。采用
问卷调查的方法，调查了高校图书馆专业馆员职业能力的认识与需求现
状，并从高校图书馆专业馆员数量情况、对专业馆员应具备的能力认识
与需求、高校图书馆开展馆员分类管理与馆员培养情况等方面进行了分
析。提出了高校图书馆专业馆员职业能力发展建议：理解高校图书馆专
业馆员与辅助馆员的界定，构建高校图书馆专业馆员职业能力框架，建
立高校图书馆专业馆员职业能力提升体系，建立专业馆员职业资格认证
制度。由鄂丽君、王启云撰写。

　　第四章：美国高校图书馆专业馆员职业能力调查与分析——高校图
书馆招聘视角。以美国图书馆协会 JobLIST 网站发布的高校图书馆专业
馆员招聘信息为数据源，基于高校图书馆招聘视角，就美国高校图书馆
专业馆员职业能力展开调查与分析。研究发现：美国高校图书馆专业馆
员的职业能力可以归纳为四大类——学历、经验、知识与技能、能力，
调查的 183 个职位均要求至少具备四大类能力中的 3 类；美国高校图书
馆重视专业馆员的图书馆学、情报学（以下简称图情）专业教育，图书
馆从业经验是招聘专业馆员的重要条件。针对我国高校图书馆专业馆员
职业能力发展，提出加强职业能力教育、制定专业馆员的职业能力要求、
重视专业馆员的图情专业继续教育、专业馆员积极提升职业能力等建议。
由鄂丽君、王启云撰写。

　　第五章：岗位设置视角下的高校图书馆专业馆员职业能力研究。以
我国 12 所高校图书馆网站上公布的组织机构和岗位职责为数据信息源，
基于岗位设置的视角，采用网络调查、数理统计、比较分析并结合个别
访谈等方法对我国高校图书馆专业馆员职业能力进行调查和比较分析，
研究构建出包括基础能力、专业能力和服务能力三大类的专业馆员职业
能力指标体系。该体系包括职业素养、人际沟通与表达、学科专业知识、

用户服务、团队合作、创新能力、学术研究、领导与规划、评估能力、组织管理、信息资源管理、信息技术管理、项目或计划管理、馆藏资源管理、数据或知识管理、教学或演讲、信息服务及营销推广18个能力要素。提出加快制定图书馆专业馆员岗位设置指导性文件、图书馆管理层高度重视、培养专业馆员的领导组织能力等建议。由王爱、王启云撰写。

第六章：高校图书馆专业馆员职业能力变迁研究——机构设置视角。图书馆新业态环境要求图书馆员职业能力随之改变，以应对社会环境和信息环境对图书馆的冲击。运用历史研究法、内容分析法、比较研究法等研究方法，将高校图书馆专业馆员职业能力置于历史视野中，从百年高校图书馆发展史（1896年至今）视角进行考察，着眼点聚焦于社会环境、机构设置、职业能力等方面，探索高校图书馆专业馆员职业能力定位的历史必然性、继承性、发展性。由王启云撰写。

第七章：高校图书馆专业馆员职业能力的社会环境解析。探究社会环境新变化对高校图书馆专业馆员职业能力的影响。文章运用文献调查法、内容分析法、环境扫描法，对高校图书馆专业馆员职业能力的发展现状，以及其所处社会环境的宏观层面与微观层面进行研究，指出高校图书馆专业馆员职业能力发展的未来趋势。由王启云撰写。

第八章：图书馆职业道德中的"休谟问题"研究——基于图书馆员职业能力视角。图书馆职业道德是图书馆职业活动中的重要概念，具有重要的理论研究价值和意义。研究图书馆职业道德中的"休谟问题"有助于提高馆员对职业道德的理性认识，培养馆员的职业道德修养，提升馆员的职业能力。以图书馆职业道德中的"休谟问题"为研究对象，论述了对"休谟问题"的解读，同时对相关理论概念进行了辨析。图书馆职业道德规范的确立是一个逻辑推理的过程，离不开价值判断的中介作用，价值判断构成了图书馆职业道德中联系"是"与"应该"的逻辑通道。由王浩撰写。

第九章：北美高校图书馆数字学术支持人员设置调查与分析。对美国研究图书馆协会发布的《SPEC Kit 350：支持数字学术》报告、美国图书馆协会及美国研究图书馆协会网站发布的招聘信息、北美高校图书馆数字学术服务页面等涉及的数字学术支持人员的相关信息进行分析，能够揭示北美高校图书馆数字学术支持人员的数量与类型、职位、负责的工作、学位与技能。

研究北美高校图书馆数字学术支持人员设置情况对我国高校图书馆具有借鉴意义。我国高校图书馆应适时设立数字学术支持职位，以现有服务为基础开展数字学术支持，构建以专门人员为主、其他人员参与的数字学术支持模式，尽量安排部门主任或高级技术职务人员参与数字学术支持工作，建立层次较高的数字学术支持人员团队。由鄂丽君撰写。

本书附录分别为本课题调研使用问卷及研究过程中撰写的研究随笔。本书由王启云拟定大纲，并统稿。

我们的研究还存在许多不足之处。国内对于图书馆员职业能力、高校图书馆的价值、专业馆员等，尚未有明确性的指标或共识。我国高校办学方式多样，国家相关政策在调整之中。全国高校图书馆发展的不平衡，量化指标提出的要求不宜过高，但对于高校图书馆职能的扩展要反映当前形势的发展，提出新的要求。项目申请书中计划的"职业能力体系模型是个理论框架，模型由核心内容、基本要素、支撑体系和环境因素四个层面组成，并在此基础上进一步形成高校图书馆职业能力体系（清单）"是一个十分复杂和内容庞大的问题，由于若干核心概念尚未有明确性的指标或共识，数据获取困难，本书未做深入的定量研究。尽管如此，本书结合图书馆和图书馆学发展史、图书馆社会职能和社会责任、图书馆学科体系和工作内容、图书馆工作者特质和素养等多角度考察高校图书馆职业能力，并增加了高校图书馆专业馆员新型能力研究内容，可资进一步参考借鉴。希望今后以现有成果为起点，进一步深入探讨。书中存在疏漏或失当之处，恳请学者先进不吝教正。

课题的调研及阶段成果投稿等环节得到图书情报界相关专家的大力支持；圕人堂 QQ 群等多个 QQ 群的群成员积极参与了调研并提出了宝贵意见和建议；南京大学图书馆沈奎林、孟勇老师在本项目申报阶段给予了帮助与支持；知识产权出版社对本书的出版给予了大力支持。由衷地感谢帮助过我们，给予我们支持的所有人！

王启云

2018 年 12 月

目　　录

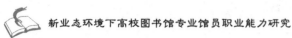

1 绪 论

1.1 问题的提出

图书馆事业为满足不同读者需求而进行相应要素组合所形成的运行形态，是影响图书馆职能变化的重要因素。由于泛在网络发展和商业信息服务竞争，使用户需求朝着多渠道、移动化、社交化等方向发展，进而促使图书馆向着新的业态转变。图书馆新业态环境要求图书馆馆员职业核心能力随之改变，以应对信息环境和社会环境对图书馆的冲击。图书馆员是图书馆运作的重要资源。图书馆员职业化经历了至少两百多年，然而由于图书馆的财政压力、网络环境的冲击、现有制度的制约及专业教育与实际工作需要脱节等原因，近年来出现了图书馆员去职业化的理论思潮与现象。职业资格制度是行业健康有序发展的基础，来自法律和制度上的保障是保证图书馆事业特别是图书馆职业化发展的重要因素。我国图书馆主要有公共、高校、科研三大系统，在行政隶属上分别由平行的不同部门主管，缺少一个统一的、具有权威的、有效的行业主管单位，对于跨系统的行业指令，不同系统仅将其作为参考，无须强制执行。在建立和实施职业资格制度上，目前乃至今后较长时间还无法做到政令通畅、系统统一。我国对图书馆职业能力的研究是比较薄弱的，但需求是十分迫切的。2015 年 2 月，《中华人民共和国公共图书馆法草案（送审稿）》已报国务院审议，该法征求意见稿"第四十条（人员聘任和岗位管理）公共图书馆实行聘用制度和岗位管理制度。业务岗位工作人员应当具备相应的专业知识与技能，遵循国家有关职业资格。国家建立统一的图书馆专业人员岗位培训和继续教育制度，具体办法由国务院人力资源社会保障部门会同国务院文化主管部门制定"。《普通高等学校图书馆规程（修订）》正在紧锣密鼓修订中，2014年修订稿首次提出区分专业馆员和辅助人员，并要求"专业馆员一般应具有本科以上学历，并经过图书馆学专业教育或系统培训，符合行业的资格准入条件。高等学校图书馆的辅助人员是图书馆工作人员的组成部分，按岗位需求和相关规定进行聘用和考核"。修订原则特别强调："对于高校图书馆职能的扩展要反映当前形势的发展，提出新的要求。"

国外已有许多组织机构提出图书馆员的基本职业能力内容，并且不断地修订。代表性的研究成果有：① 2003 年，美国专门图书馆学会修订了1997 年制定的《21 世纪信息专家应具备的专业能力》（*Competencies for Information Professionals of the 21st Century*）将专门图书馆信息专家应具备的能力分为 3 种，分别是专业能力、个人能力和核心能力[1]。②2009 年，美国图书馆协会（ALA）通过《图书馆职业核心能力》（*ALA's Core Competences of Librarianship*）标准，共 8 条，40 点[2]。这份标准界定了所有在美国图书馆协会授权的图情硕士教育所应教授的基本知识。此外，各类型的图书馆员还需要进一步掌握这些基本知识之外的专门领域知识。美国图书馆协会在 1992 年曾经出过一个图情硕士教育标准，其中包括 6 个方面：价值观和目标、课程、教师、学生、管理与财务支持、设施。2008 年探讨新的图情硕士教育标准，2009 年正式发布的标准，与 2008 年征求意见稿大同小异，略有补充。③2010 年，加拿大研究图书馆协会（CARL）发布《21 世纪图书馆员核心能力》（*Core Competencies for 21st century CARL Librarians*），7 类核心能力：基础知识、人际关系技能、领导与管理、馆藏发展、信息素养、对职业的研究与贡献、信息技术技能。每类核心能力下有二级类目共计 58 类[3]。④2014 年 2 月 OCLC WebJunction 发表《图书馆这行能力索引》（*Competency Index for the Library Field*）修订版，美国博物馆与图书馆协会赞助，发表图书信息专业领域能力索引的修订版（初版于 2009年发表），图书信息专业领域能力索引可协助馆员辨识与获得专业领域相关的知识、技能，修订版着重 21 世纪所需要的技能、对图书馆数据与评估的责任及社区贡献度。索引的内容可区分为 5 大项目，36 个次项目，从中看出图书信息专业所需技能与规划馆员继续教育课程方向与内容。

具有一定代表性的相关研究成果如下：（1）2008 年，曹树金、杨涛的

《图书馆专业人才能力和知识需求实证研究》，采用实证的方法，使用由112 个问题组成的问卷，调查图书馆工作人员对图书馆专业人才在图书馆工作中的优势和劣势、图书馆工作人员的能力和知识需求的认知。研究结果为图书馆工作人员所需要的能力包括专业服务能力、个人能力、技术能力、社会能力和其他能力，累计涉及 28 类子项目[5]。

（2）2009 年，柯平等的《图书馆学专业毕业生就业核心竞争力》，从就业竞争力与就业核心竞争力的概念分析入手，提出一套针对图书馆学专业毕业生的就业核心竞争力策略[6]。

（3）2009 年，陈传夫、丁宁的《美国新信息环境下图书馆职业核心能力的讨论及其借鉴意义》，分析美国图书馆协会新制定的图书馆职业核心能力标准的背景、基本内容以及美国信息科学与技术协会（ASIS&T）、国际信息学院联盟（iSchools）、图书情报科学教育协会（ALISE）等组织对该报告的反映，探讨其对我国图书馆学教育改革的借鉴价值[7]。

（4）2011 年，陈传夫等的《图书馆员去职业化问题、原因及对策研究》，提出建立职业资格认证制度、营造图书馆员终身学习环境、慎重对待核心业务外包、变革图书馆学专业教育等防止图书馆员去职业化的对策[8]。

（5）2013 年，宋姬芳的《高校图书馆职业资格认证制度构建问题探析——基于北京地区高校图书馆的调查》，以北京地区 16 所高校为调查对象，通过问卷调查了解各图书馆和馆员对职业资格认证制度的认识、期望以及目前高校图书馆推行职业资格认证制度的可行性及存在的障碍[9]。

（6）2010 年，（德）劳耐尔，赵志群，吉利主编了《职业能力与职业能力测评 KOMET 理论基础与方案》，其理论基础是德国"职业能力与职业认同感测评项目"（KOMET）的能力模型和测评方案，它是世界上第一次采用严格的心理测评方法，对职业院校学生职业能力和职业承诺进行的大规模标准化测评[10]。

总之，国外对图书馆职业能力研究已经取得了丰富的成果，为本课题的后续展开奠定了良好的理论基础。但现有的文献很少提及专门的高校图书馆职业能力研究，同时也缺乏实证研究。我国没有特定组织对图书馆员能力提出标准，而欧美国家已经纷纷提出一般图书馆员或图书信息人才的普遍职业能力规范，这说明中国对于图书馆员职业能力，尚未有明确性的指标或共识。目前的研究仍存在薄弱之处：一是研究或针对各种类型图书馆，或侧重于某一方面（如专门图书馆、图情硕士教育等），而对高校图书馆职业能力缺乏全面、深入的研究；二是尚未提出可供实践参考的高校图书馆职业能力体系模型。本书在前人研究的基础上，围绕如何在新业态环境下培养高校图书馆专业馆员新的职业能力，针对高校图书馆专业馆员职业能力展开数理推导与仿真分析，进而构建高校图书馆专业馆员职业能力体系假设模型，并通过对图书馆馆长、图书馆员、图书馆学教师、图书馆用户及其他利益相关者的问卷访谈数据运用假设模型进行验证，具体量化各个影响因素对高校图书馆专业馆员职业能力的影响，最终为提出并完善我国高校图书馆专业馆员职业能力体系提供理论与实证的支持。

1.2　研究内容与研究方法

1.2.1　研究内容

模式是联结图书馆学理论与图书馆实践的桥梁。高校图书馆专业馆员职业能力体系模型是个理论框架，模型建构由核心内容、基本要素、支撑体系和环境因素四个层面组成，并在此基础上进一步形成高校图书馆职业能力体系（清单）。本书可作为高校图书馆人力资源规划的基础，也可作为高校图书馆员继续教育的教育训练指标，也可作为图书馆学课程的架构规划设计参考，对拓展现代图书馆学理论体系具有重要学术价值。本书围绕如何在新业态环境下培养高校图书馆专业馆员新的职业能力展开研究，研究成果具备鲜明时代特征、中国特色、地域特点，既具有理论科学性，又具有实践可行性。本书适用于本科办学层次以上的高校图书馆专业馆员，同时可供各级各类图书馆或图书情报教育机构作为图书馆员职业能力指标和教育规划的参考。具体研究内容包括以下 6 个方面。

（1）系统调查国内外图书馆职业能力研究进展。

不同类型的图书馆由于图书馆性质、任务和目标不同，对图书馆员的能力要求不尽相同。职业能力内涵具有历史发展性，并且呈现出逐步丰富与宽泛的趋势。本书的研究先不分图书馆类型，通过利用中外文数据库、网络搜索引擎等收集国内外图书馆职业能力研究相关文献，阅读文献，并予以述评，结合高校图书馆的目标和任务，以建立本书研究的研究架构。

（2）明晰高校图书馆专业馆员职业能力研究的基本问题。

需要回答的研究问题包括：高校图书馆的主要任务是什么，高校图书馆价值是什么，什么是专业馆员，高校图书馆职业能力是什么，职业能力研究的重要性何在，有哪些应用与功能，该如何构建职业能力的范围与指标。不仅如此，还需要对若干概念进行界定或定义。

（3）新业态环境下高校图书馆专业馆员职业能力的变迁。

高校图书馆的业务中心，昨天是以藏书为中心，今天在向数字化和合作交流转型，明天将走向以知识为中心。通过高校图书馆在不同业态环境中职能的变化，将高校图书馆职业能力置于历史视野中考察，探索高校图书馆职业能力定位的历史必然性与继承性。

（4）构建职业能力体系模型。

通过对国内外相关研究成果的系统梳理，以图书馆服务与价值理论和方法为指导，结合对有关人员开展的开放式问卷调查，深入剖析，从个体内部因素、外部社会性因素等层面确定影响因素，在比较分析的基础上，进行焦点团体访谈（从不同视角分组），归纳整理出适用于我国的高校图书馆专业馆员职业能力体系，构建较全面的职业能力体系模型，提出不同因素之间关系的研究假设，并确定模型中的调节变量。

（5）跨组验证和修正职业能力体系模型。

以图书馆馆长、图书馆员、图书馆学教师、图书馆用户及其他利益相关者为实证对象，通过网络问卷、实地发放、用户访谈等形式开展大规模的问卷调查。在回收问卷、删除无效数据之后，利用方差分析、回归分析等方法检验模型中各调节变量的独立效应和总体效应。根据多组结构方程模型分析的结果对模型进行修正，分组确定拟合度最佳的模型。

（6）高校图书馆职业能力分级与评价对策建议。

基于模型拟合结果，确立高校图书馆职业能力体系（清单），发现影响我国高校图书馆职业能力的主导因素，分析与国内外其他图书馆职业能力体系的差异，结合国内外相关实践就高校图书馆职业能力分级与评价提出具有针对性的对策建议。针对我国高校图书馆专业馆员职业能力发展，提出加强职业能力教育、制定专业馆员的职业能力要求、重视专业馆员的图情专业继续教育、专业馆员积极提升职业能力等建议。

1.2.2　研究方法

（1）采用定性与定量结合的研究方法。

主要采用文献分析法、访谈法、问卷调查法、网络社群调查研究法、历史研究法、内容分析法、比较研究法、环境扫描法等研究方法，计算与分析相结合，理论、实证与应用相结合。

（2）网络社群调查研究法。

本方法为本书所特有的研究方法，旨在一定时间、一定经费限制内既有可操作性又能引起认知共鸣的研究。网络社群的 1∶9∶90 法则："按照 1∶9∶90 的原则，网站的用户可分为三类，1% 的深度用户，9% 的轻度用户，90% 的游客。无论是哪一类用户，我们都需要认真对待，因为每一个用户对我们来说都是重要的。"网络社群基本规律的：少数成员的"大"贡献，让大多数人受益；部分成员的"微"贡献，让多数成员"大"受益。QQ 群比较适合做网络社群，QQ 群产品上限是 2000 人（注：2018 年 10 月调整为 3000 人）。QQ 群的管理很方便。QQ 群的聊天记录是可以捆绑的，每天大家交流（通过文字或语音）的时候可以整理出来变成记录来分享，内容可以很好地沉淀。QQ 群实现议题式交流机制，讨论方法（或交流机制）大致分为 3 环节：①提出问题，议题发起人为主，参与者亦可以补充。②分析问题，可以在线发表意见或建议，更欢迎书面参与（深度参与），可以将有关内容上传群文件或发 QQ 邮件等。③总结问题。由议题发起人牵头予以总结。依据"消息管理器"信息及群文件等。利用网络社群开展焦点团体访谈、问卷调查等，不仅利于广泛参与、深度参与，还可以提升调查研究的信度与效度。

参考文献

[1] Competencies for Information Professionals of the 21st Century（2014）．［EB/OL］．［2016 – 01 – 11］．http：//www. infonista. com/wp – content/uploads/2014/05/Core – Competencies – Revisions – 4 – 30 – 14 – draft. pdf.

[2] Core Competences of Librarianship［EB/OL］．［2016 – 01 – 18］．http：//www. ala. org/educationcareers/files/careers/corecomp/corecompetences/finalcorecompstat09. pdf.

[3] Core Competencies for 21st century CARL Librarians［EB/OL］．［2016 – 01 – 12］．http：//www. carl – abrc. ca/uploads/pdfs/core_comp_profile – e. pdf.

[4] Competency Index for the LibraryField［EB/OL］．［2016 – 01 – 12］．http：//www. webjunction. org/content/dam/WebJunction/Documents/webJunction/Competency% 20Index% 20for% 20Library% 20Field. pdf.

[5] 曹树金，杨涛. 图书馆专业人才能力和知识需求实证研究［J］. 图书情报知识，2008（6）：36 – 43.

[6] 柯平，赵益民，詹越. 图书馆学专业毕业生就业核心竞争力［J］. 图书情报工作，2009（5）：11 – 14.

[7] 陈传夫，丁宁. 美国新信息环境下图书馆职业核心能力的讨论及其借鉴意义［J］. 图书馆论坛，2009（6）：25 – 29.

[8] 陈传夫，王云娣，盛钊，等. 图书馆员去职业化问题、原因及对策研究［J］. 中国图书馆学报，2011（1）：4 – 18.

[9] 宋姬芳，祝小静，于森，等. 高校图书馆职业资格认证制度构建问题探析——基于北京地区高校图书馆的调查［J］. 图书情报工作，2013（9）：44 – 51.

[10]（德）劳耐尔，赵志群，吉利主编. 职业能力与职业能力测评 KOMET 理论基础与方案［M］. 北京：清华大学出版社，2010.

② 国内外图书馆职业能力研究进展与启示

2.1 引　　言

　　图书馆事业为满足不同读者需求而进行相应要素组合所形成的运行形态，是影响图书馆职能变化的重要因素。由于泛在网络发展和商业信息服务竞争，使用户需求朝着多渠道、移动化、社交化等方向发展，进而促使图书馆向着新的业态转变。而图书馆新业态环境要求图书馆员职业核心能力随之改变，以应对信息环境和社会环境对图书馆的冲击。图书馆员是图书馆运作的重要资源。各类型图书馆对核心能力的要求不同。不同类型的图书馆由于图书馆性质、任务和目标不同，对图书馆员的能力要求不尽相同。职业能力内涵具有历史发展性，并且呈现出逐步丰富与宽泛的趋势。

　　笔者长期关注图书馆职业能力方面的研究，尤其是 2015 年 1 月至 2016 年 1 月间利用中国知网、万方数据、读秀知识服务平台、LISA、ScienceDirect、EBSCO、Web of Science 等中外文数据库，结合百度学术搜索与 Google 学术搜索，较为系统地搜集了与本课题研究有关的中外文文献。研究过程中，反复调整检索词、检索范围、检索策略，尽可能地将国内外图书馆职业能力研究文献检全检准，并在此基础上阅读文献，精读密切相关的文献并予以述评。

2.2 国外图书馆职业能力研究情况

2.2.1 相关专业机构制定的图书馆职业能力声明

国外图书馆及其相关专业机构制定的图书馆职业能力声明是国外图书馆职业能力研究的代表性成果，既具理论意义，又具实践意义，为了更为清晰地总结与呈现，按声明题名、机构名称、制定（或通过）时间、内容简介等类目加以组织，见表2-1。

表2-1 相关专业机构制定的图书馆职业能力声明

声明题名	机构名称	制定时间	内容简介
法律图书馆员研究生课程指南[1]	美国法律图书馆协会	1998 年 11 月 5 日	分为一般能力与学科能力。一般能力包括：参考与研究服务、图书馆管理、馆藏管理、组织与分类。学科能力包括：法律制度、法律专业及其术语、法律文献、法律和道德
教育指南[2]	美国科技情报学会	2001 年 11 月 8 日	该版本取代1991年10月29日制定的版本。包括六大领域：信息科学基础、信息使用和用户、调查方法、信息处理、信息技术、信息服务提供和管理
信息专业人员能力[3]	专门图书馆协会	2003 年 6 月	美国专门图书馆学会修订了1997年制定的《21世纪信息专家应具备的专业能力》将专门图书馆信息专家应具备的能力分为3种，分别是专业能力、个人能力和核心能力。2014版能力修订（目前尚未通过）为职业成长、招聘、评估提供了一套工具，具体职位需要不同技能水平能力的特定集合[4]

续表

声明题名	机构名称	制定时间	内容简介
图书情报学教育信息伦理[5]	图书情报教育协会	2008 年 1 月 10 日	多元文化信息伦理的理论和概念的知识与认识，包括伦理冲突和世界各地的图书情报专业人员面临的责任，在图书情报研究与信息相关专业领域的相关教学、学习与思考是必要的。针对图书情报教育活动中的信息伦理如何实现期望的结果提出了 4 条建议
联邦图书馆员能力[6]	联邦图书馆与信息中心委员会	2008 年 10 月	由一组共有能力、七大功能域及其子域、三级能力水平构成。三级分别为基础级、高级、专家级。七大功能域为：代理与知识组织，图书馆领导与宣传，参考与研究，馆藏发展，内容组织与构造，图书馆技术管理，专业知识、技能与能力
图书馆职业核心能力[7]	美国图书馆协会	2009 年 1 月 27 日	这份标准界定了所有在美国图书馆协会授权的图情硕士教育所应教授的基本知识，共 8 条，40 点。此外，各类型的图书馆员还需要进一步掌握这些基本知识之外的专门领域知识。美国图书馆协会在 1992 年曾经提出图情硕士教育标准，其中包括 6 个方面：价值观和目标，课程，教师，学生，管理与财务支持，设施。2008 年探讨新的图情硕士教育标准，2009 年正式发布的标准，与 2008 年征求意见稿大同小异，略有补充
21 世纪图书馆员核心能力[8]	加拿大研究图书馆协会	2010 年	包括 7 类核心能力：基础知识、人际关系技能、领导与管理、馆藏发展、信息素养、对职业的研究与贡献、信息技术技能。每类核心能力下有二级类目共计 58 类

声明题名	机构名称	制定时间	内容简介
图书馆员青年服务能力：未成年人应得到最好的服务[9]	未成年人图书馆服务协会	2010 年 1 月	1981 年发布，之后于 1998 年、2003 年和 2010 年修订。包括 7 个方面：领导力与专业精神，用户群知识，沟通、营销与推广，管理，资料知识，信息获取，服务
地图、地理信息系统与编目/元数据馆员核心能力[10]	地图与地理圆桌会议	2012 年	2008 年制定，2012 年修订。核心能力概要：常规制图能力、常规管理能力、能力水平（由低到高分三级）。分为三部分：地图图书馆员核心能力（组织管理、资源管理、信息服务、技术应用），地理信息系统核心能力（组织管理、资源管理、信息服务），地图编目与元数据创建核心能力（组织管理、资源管理、信息服务、技术应用）
图书馆这行能力索引[11]	OCLC WebJunction	2014 年 2 月	美国博物馆与美国图书馆协会赞助，初版于 2009 年 6 月发布。图书信息专业领域能力索引可协助馆员辨识与获得专业领域相关的知识、技能，修订版着重 21 世纪所需要的技能、对图书馆数据与评估的责任及社区贡献度。索引的内容可区分为 5 大项目，36 个次项目，从中看出图书信息专业所需技能与规划馆员继续教育课程方向与内容
公共图书馆儿童服务馆员能力[12]	图书馆儿童服务协会	2015 年	1989 年建立，之后于 1999、2009、2015 年经历 3 次修订。包括 7 方面：致力于用户群，参考与用户服务，规划技能，知识、策展与资料管理，推广与宣传，行政与管理技能，专业精神与职业发展

续表

声明题名	机构名称	制定时间	内容简介
高等教育信息素养框架[13]	美国大学与研究图书馆协会	2015 年 2 月 5 日	2000 年制定的《高等教育信息素养能力标准》更新版，按 6 个框架要素编排：权威的构建性与情境性、信息创建的过程性、信息的价值属性、探究式研究、对话式学术研究、战略探索式检索。该框架是一个指引高等教育机构信息素养课程发展的机制，同时也将促进对普通教育及学科学习中与信息相关的关键概念性质的探讨，附有使用建议

2.2.2　国外图书馆职业能力研究文献概况

由于美国施行图书馆员职业资格认证体系，研究开展的时间长，研究成果较为丰富，其他国家尤其是非英语语言国家的研究文献获取困难，总体来说"来之不易、弥足珍贵"，为了更好地揭示与呈现，笔者选择了一批较具代表性的研究文献按文献篇名、发表时间、研究方法、内容简介等类目加以组织，见表 2 - 2。

表 2 - 2　国外图书馆职业能力研究文献列表

文献篇名	发表时间	研究方法	内容简介
新一代图书情报学专业人士关键技能与能力[14]	2011 年	定性研究法、内容分析法。	研究 1997—2010 年的相关文献，分析、定量、分类与总结这些文献中提及或描述最多的技能与能力。关键技能与能力分为 3 类：个人技能、普通技能、特定学科知识。个人技能：分析、创造、技术、灵活、反省、能够满足一定范围用户需求、喜爱探索、适应能力、积极回应他人需求、热情、自我激励。普通技能：信息素养、沟通、批判性思维、团队协作、道德与社会责任、解决问题能力、领导力。特定学科知识：元数据、数据库研发与数据库管理系统、用户需求、数字存档与保存、馆藏发展、内容管理系统

续表

文献篇名	发表时间	研究方法	内容简介
泰国高校图书馆下一个十年（2010—2019）信息专业人员核心能力[15]	2011 年	德尔菲法、案例研究法	该研究包含 3 组问卷调查：8 名图书情报学教师；8 名大学图书馆职员；5 名信息职业相关学术职员。信息专业人员角色为治理角色、服务角色、协调角色、专家角色。围绕上述角色制定了核心能力框架，包括知识、技能、个人特质 3 个方面。知识：专业知识基础、信息资源、信息与知识管理、信息技术、图书情报服务、组织管理、研究与用户研究、继续教育与终身学习。技能：用户服务技能、信息资源管理技能、信息技术技能、营销技能、知识管理技能、语言与沟通技能、团队协作技能、分析、解决问题与决策技能、计划与管理技能、概念化思维。个人特质：领导力、服务态度、道德与职业伦理、成就动机、责任、自我管理、适应性。每项能力名称均给出了定义
为研究更新能力：研究人员需求调查与图书馆员工如何为其提供最好的支持[16]	2012 年	内容分析法、问卷调查法	英国大学图书馆委员会学科馆员项目完成了一项"为研究更新能力"报告，提出学科馆员需要具备 32 个方面的技能和知识，包括：信息素养，信息管理，主题或学科的理解与工具或来源的知识，合作关系建设，研究过程中的通用知识与局部知识，研究资料管理，元数据与研究数据，学术交流相关问题，投资者授权，评估和其他"合法的"要求，与研究人员相关的 Web 2.0 及其他新兴技术。进一步的调查表明，前述 32 个方面能力之中，9 方面能力在未来 2 ~ 5 年的重要性日益增加，4 方面能力现在或将来并不必要，9 方面高技能缺口具有比较高的重要性
基于教师认知的图书情报学专业技术能力：一种评估方法[17]	2013 年	问卷调查法	该研究的目的是了解印度北部图书情报学专业教师就图书情报专业领域技术能力的认知情况。该研究的主要结果表明，对于所列举的信息技术能力要素，图书情报学科教师之间有不同的认知水平。然而，大部分的受访者觉得这些技术能力要素应该纳入图书情报学课程中

续表

文献篇名	发表时间	研究方法	内容简介
图书馆评估核心能力：基于招聘职位的分析与评论[18]	2014 年	内容分析法	作者分析了 18 个月跨度的图书馆工作列表中曾经出现的 231 个招聘职位。ATLAS. ti 文本编码软件用来辅助分析。提及评价或评估责任的工作列入研究对象。确定了图书馆评估的主要技能和知识领域。评估馆员的 5 种知识与能力领域：图书馆评估的背景、研究方法、统计和分析能力、可视化和演示技能、项目管理与人际交往能力
ALA 认证图书馆学课程要求的技术能力：更新的分析[19]	2014 年	内容分析法	调查 58 家 ALA 认证的 LIS 课程网站有关公布的要求、所需的技能、评价方法与所提供的辅导支持种类。研究表明，自 2008 年以来课程之间相似度非常小且变化小。大多数课程网站有一些类型的能力，但需要正式技能评估的非常少。大多数能力要求集中在文字处理知识与标引软件，对 Web2.0 技术鲜有关注。课程通常要求作为辅助手段帮助图书馆或信息技术工作室。此外，课程网站轮廓相似（如 I - Schools，在线课程）但采用的方法不同
为加勒比海高校图书馆建立一个能力框架：以西印度大学（莫纳校区）为例[20]	2015 年	案例研究	对不同图书馆专业组织与不同地域大学图书馆发表的能力文件进行内容分析，识别高技能专业人才的主要技能和能力。西印度大学（莫纳校区）图书馆筛选的核心能力：运用专业知识和实践带领员工和管理资源；确定新的趋势和支持创新；愿意接受变化，并利用最佳实践提供服务；分析形势寻求适当的解决办法；与他人积极有效地互动；形成领导和管理变革的环境；管理和指导员工；制定明确的目标和目的，与此同时提供具体表现和反馈
伊朗图书情报学学生通用核心能力测定[21]	2015 年	问卷调查法	通用核心能力包括 12 类：信息技术、计算机素养、英语、职业道德、管理、研究、沟通能力、科学（学科理论与和基础学科的理解）、远见（对学科正面的理解与担当）、团队协作、信息素养、批判思考

2.2.3　国外图书馆职业能力探索与实践

通过网络调查，获得了 4 家国外图书馆的实际探索与实践情况：①2007 年 1 月 1 日，内布拉斯加大学林肯分校图书馆制定了该馆核心能力，包括责任心、适应性、交际能力、用户或质量焦点、包容性、职业知识或技术取向、团队焦点、领导力和解决问题或决策制定[22]。②2007 年，奥克兰大学图书馆设立了图书馆员职业培训顾问组（LSDAG），LSDAG 确定了 8 个方面主题的技能：个人技能（交流、时间管理、职业伦理、激励、团队精神、判断思维、细节把握、个人职业发展、管理等），信息技术（硬件、软件、出版与在线交流、网络、数据库管理等），管理（员工管理、服务管理、财务管理、计划、人事、谈判、领导力、健康与安全、风险管理等）；用户服务（服务水准、服务提供、服务评估、市场推广），教学（教学设计、教学方法、教学实施等），信息资源（搜索、收集、资源创建与描述、文献传递、流通传播、版权处理等），专业与组织机构知识（图书馆与大学组织结构、政策，以及关系构建），二元文化（文化多样性、平等机会，以及承担《怀唐伊条约》的责任义务）[23]。③2013 年加拿大萨斯喀彻温大学图书馆制定了该馆图书馆员核心能力，大学图书馆能力框架描述能力成三个区域并说明 3 组能力的嵌套关系：与大学和图书馆愿景、使命及重点战略方向相关的能力（基于角色）；专业实践能力（基于图书馆标准）；个人或人际技能[24]。④2013 年南佛罗里达大学图书馆制定了图书馆工作人员核心能力。每年业绩表现检查的代表性指标有 8 个，分别是：岗位知识、生产率、工作质量、沟通、服务标准、团队协作、能动性、解决问题。核心能力任务小组制定的将在将来的评估中采用的两个性能指标为：适应性、人员管理[25]。

2.3　国内图书馆职业能力研究情况

中国具有代表性的相关研究成果如下：

（1）2008 年，曹树金、杨涛采用实证的方法，使用由 112 个问题组成的问卷，调查图书馆工作人员对图书馆专业人才在图书馆工作中的优势和劣势、图书馆工作人员的能力和知识需求的认知。研究结果为图书馆工作人员需要以下方面能力：专业服务、个人、技术、社会、其他，累计涉及 28 类子项目[26]。

（2）2009 年，柯平等从就业竞争力与就业核心竞争力的概念分析入手，提出一套针对图书馆学专业毕业生的就业核心竞争力策略[27]。

（3）2009 年，陈传夫、丁宁分析了美国图书馆协会新制定的图书馆职业核心能力标准的背景、基本内容以及美国信息科学与技术协会、国际信息学院联盟、图书情报科学教育协会等组织对该报告的反映，探讨其对我国图书馆学教育改革的借鉴价值[28]。

（4）2011 年，陈传夫等提出建立职业资格认证制度、营造图书馆员终身学习环境、慎重对待核心业务外包、变革图书馆学专业教育等防止图书馆员去职业化的对策[29]。

（5）2013 年，宋姬芳以北京地区 16 所高校为调查对象，通过问卷调查并了解了各图书馆和馆员对职业资格认证制度的认识、期望以及目前高校图书馆推行职业资格认证制度的可行性及存在的障碍[30]。

（6）2014 年，郭晶等借鉴国外图书馆经验，依据我国职业认证制度的现状以及学科馆员工作的业务实践与能力要求，研制了一套"中国高校图书馆学科馆员能力标准体系"，构建了相应的资质认证规范，论述了设计的思路、指标、框架和主要内容，提出了资质认证的操作方法[31]。

（7）2015 年，上海交通大学图书馆馆员素养培训内容包括：职业道德（职业精神、道德准则等），专业技能（信息检索技巧、工具的使用、查证或查引、科技查新技能等），前沿追踪（图情领域国内外的热点问题和现象），其他素养（除图情专业外的各类知识和技能）[32]。

2.4　总结及启示

2.4.1　总结

2.4.1.1　国外图书馆职业能力研究特点

（1）与图书馆员职业资格认证密切相关。已有 100 多个国家和地区实施了图书馆职业资格认证制度或图书馆职业准入制度。美国的图书馆员职业资格认证体系分为两种：图书馆学高等教育认可，由美国图书馆协会所属机构对图书馆学和情报学硕士学位的教育机构进行认可，全美有效；各类图书馆员的职业资格认证[33]。图书馆员职业资格认证既为图书馆学教育培养的未来图书馆工作者的质量提供保障，又有利于提升现有图书馆员工作水平。美国图书馆员的认证制度不但制定了要求图书馆员达到的知识或技能水平，同时还规定了认证的途径。

（2）相关专业协会、图书情报学教育机构、图书馆三者密切协作。表 2-1 中国外图书馆及其相关专业机构制定的图书馆职业能力声明多达 12 种，从声明的制定到发布，中间各个环节是密切协作的。美国图书馆协会及其分会起着良好的引领作用。

（3）与时俱进，不断修订完善。相关研究成果具备鲜明时代特征、地域特点。相关专业机构制定的图书馆职业能力声明多数经历了修订完善，如美国图书馆儿童服务协会制定的《公共图书馆儿童服务馆员能力》1989 年建立，之后于 1999 年、2009 年、2015 年经历 3 次修订；未成年人图书馆服务协会《图书馆员青年服务能力》1981 年发布，之后于 1998 年、2003 年和 2010 年修订。

（4）图书馆职业能力在图书情报学教育中占有举足轻重的地位，而且影响日益突出。图书情报学源于图书馆工作实践，始终重视紧密联系实践，教学工作中鼓励学生参与实践，在实践中培养学生技能，更适应实际工作需求。信息技术能力教育不仅融入教学内容，推动课程设置革新，I–Schools 将信息、技术和人的三者融合作为核心理念指导教育活动[34]。

（5）既具有理论科学性，又具有实践可行性。以相关专业机构制定的图书馆职业能力声明为指导，内布拉斯加大学林肯分校图书馆、奥克兰大学图书馆、加拿大萨斯喀彻温大学图书馆、南佛罗里达大学图书馆等进行了图书馆员职业能力探索与实践。

（6）研究规范，重视科学研究方法的运用，重视实证研究。所采用的研究方法主要有：内容分析法、问卷调查法、比较研究法、案例研究法、定性研究法。在图书情报学领域，工作广告内容分析法常用来探测行业发展趋势。

2.4.1.2 国内图书馆职业能力研究特点

（1）国内越来越重视图书馆职业能力研究，并积极学习借鉴国外研究成果。国外研究已经取得了丰富的成果，为我国相关研究奠定了良好的理论基础，国内相关研究成果并不少，但成效尚不能令人满意。总体看来，国内鲜见研究型论文，多为概述性且不够系统、论述的深度较浅的论文。相关研究成果，多停留在理论探讨层次，鲜见实践应用，有实践应用的其范围非常有限，如局限于某一馆或某一时段。

（2）对图书馆职业能力缺乏全面、深入的研究。我国没有特定组织对图书馆员能力提出标准，相较于欧美已经纷纷提出一般图书馆员或图书信息人才的普遍职业能力规范，可以发现国内对于图书馆员职业能力，尚未有明确性的指标或共识，尚未提出可供实践参考的图书馆职业能力体系模型。

（3）朝气蓬勃，蓄势待发。图书馆事业发展水平，与生产力水平、经济发展和社会发展的现代化水平密切相关。我国图书馆职业能力研究开展的时间并不长，可以说与我国图书馆界从 21 世纪初开始的图书馆职业认证制度探索征程随影相随。目前，已有优秀成果脱颖而出，如郭晶等人所写的《高校图书馆学科馆员能力标准与资质认证规范研究》，标志着中国图书馆学科馆员从业人员向职业规范化迈出了具有开创意义的一步，对我国图书馆职业资格认证制度的产生起到积极的推动作用[31]。

2.4.2 启示

（1）与各方加强合作。这既包括和各级各类图书馆的合作，图书情报学相关院系的合作，不同学科之间的合作，也包括科研、教学和实践等方面多方机构的对话沟通。我国图书馆职业能力研究需要听取多方意见，如学生、学者、图书馆以及其他信息机构，为图书馆职业能力研究提供多样视角，特别是来自实践的意见，使研究成果能更加符合社会现状、满足社会需求，也从中达到相关主体间的平衡和共赢。

（2）明晰图书馆职业能力研究的基本问题。需要回答的研究问题包括：图书馆的主要任务是什么；图书馆的价值是什么；什么是专业馆员；图书馆职业能力是什么；职业能力研究的重要性何在；有哪些应用与功能；该如何构建职业能力的范围与指标。不仅如此，还需要对若干概念进行界定或定义。

（3）深入了解新业态环境下图书馆专业馆员职业能力的变迁。图书馆的业务中心，昨天是以藏书为中心，今天在向数字化和合作交流转型，明天将走向以知识为中心。通过图书馆在不同业态环境中职能的变化，将图书馆职业能力置于历史视野中考察，探索图书馆职业能力定位的历史必然性与继承性。

（4）准确认识和把握研究内容。国内对于图书馆员职业能力、高校图书馆的价值、专业馆员等，尚未有明确性的指标或共识。需要结合图书馆和图书馆学发展史、图书馆社会职能和社会责任、图书馆学科体系和工作内容、图书馆工作者特质和素养等多角度考察高校图书馆职业能力。例如，高校图书馆专业馆员职业能力的制定，需要考虑到我国高校办学方式多样，目前处于又一次改革大潮，国家相关政策在调整之中。全国高校图书馆发展的不平衡，量化指标提出的要求不宜过高，但对于高校图书馆职能的扩展要反映当前形势的发展，提出新的要求。一些比较高的要求虽然许多图书馆一时难以达到，作为导向性的意见也应予以列出，使得研究具有一定的前瞻性。

（5）构建实用的职业能力体系模型。中国图书馆事业的发展是不平衡的，构建职业能力体系模型要考虑各地区图书馆的差异性、各类型图书馆的差异性、同一类型图书馆的层次性。我国图书馆事业主体包括公共、高校、专业等图书馆系统，它们具有本体同质性，充分认识它们的同质性和差异性，是从总体上把握我国高校图书馆职业能力的关键问题之一。如何确定主要的影响因素，并选择合适的模型容纳上述因素，构建职业能力体系模型，并将模型中的宏观变量转化为可测量的观测变量。通过对国内外相关研究成果的系统梳理，以图书馆服务与价值理论与方法为指导，结合对有关人员开展的开放式问卷调查，深入剖析，从个体内部因素、外部社会性因素等层面确定影响因素，在比较分析的基础上，进行焦点团体访谈（从不同视角分组），归纳整理出适用于我国的图书馆专业馆员职业能力体系，构建较全面的职业能力体系模型，提出不同因素之间关系的研究假设，并确定模型中的调节变量。

（6）充分发挥各级各类图书馆学（协）会作用。图书馆职业能力研究的最终成果可以供各级各类图书馆及相关机构使用，具体如下：①为图书馆机构设置与重组、岗位设置与聘任、任用新进馆员与评价现有馆员职业能力提供参考。②为各级各类图书馆制定战略规划、人力资源规划提供参考。③为图书情报教育机构制定图书馆学学生专业能力提供参考。④为全国图工委和省级图工委今后再行修订《普通高等学校图书馆规程》或制定图书馆职业能力、馆员教育训练有关政策提供参考。⑤为中国图书馆学会及中国图书馆学会高校分会作为图书馆价值与图书馆员职业能力宣示文件提供参考。⑥为国务院人力资源社会保障部门、国务院文化主管部门制定图书馆专业人员岗位培训和继续教育制度、图书馆职业资格制度提供参考。

2.5 结　语

我国对图书馆职业能力研究是比较薄弱的，但需求是十分迫切的。2016 年国务院法制办公室公布了《中华人民共和国公共图书馆法（征求意见稿）》[35]，第十六条中提到"公共图书馆馆长应当具备较高的文化知识、专业水平和组织管理能力。公共图书馆工作人员应当具备相应的专业知识与技能"。无论是"送审稿",还是"征求意见稿",均重视图书馆职业能力。2016年1月4日,教育部印发了《普通高等学校图书馆规程》[36],有以下内容:"专业馆员一般应具有硕士研究生及以上层次学历或高级专业技术职务,并经过图书馆学专业教育或系统培训"。"高等学校应将图书馆专业馆员培养纳入学校的人才培养计划,重视培养高层次的专家和学术带头人。鼓励图书馆工作人员通过在职学习和进修,提高知识水平和业务技能。"《普通高等学校图书馆规程》对于高校图书馆职能的扩展,反映了当前形势的发展,提出了新的要求。图书馆职业能力研究,可作为图书馆馆员人力资源规划的基础,可作为图书馆员继续教育的教育训练指标,可供设计图书馆学课程的架构规划参考,对拓展现代图书馆学理论体系具有重要的学术价值。我国急需一批具备鲜明时代特征、中国特色、地域特点,既具有理论科学性,又具有实践可行性的,可供各级各类图书馆或图书情报教育机构作为图书馆员职业能力指标和教育规划参考的研究成果。希望有助于进一步推动我国图书馆职业能力研究。

参考文献

[1] AALL Guidelines for Graduate Programs in Law Librarianship [EB/OL]. [2016 – 01 – 18]. http：//www. aallnet. org/about/graduate_guidelines. asp.

[2] ASIST Educational Guidelines [EB/OL]. [2016 – 01 – 18]. http：//www. asis. org/ Board/educational_guidelines. htm

[3] Competencies for Information Professionals [EB/OL]. [2016 – 01 – 18]. http：// www. sla. org/about – sla/competencies/.

[4] Competencies for Information Professionals of the 21st Century (2014). [EB/OL]. [2016 – 01 – 11]. http：//www. infonista. com/wp – content/uploads/2014/05/Core – Competencies – Revisions – 4 – 30 – 14 – draft. pdf.

[5] Information Ethics in Library and Information Studies Education [EB/OL]. [2016 – 01 – 18]. http：//www. alise. org/index. php? option = com_content&view = article&id = 51.

[6] Federal Librarian Competencies [EB/OL]. [2016 – 01 – 18]. http：//www. loc. gov/ flicc/publications/Lib_Compt/Lib_Compt_Oct2008. pdf.

［7］ Core Competences of Librarianship ［EB/OL］. ［2016 – 01 – 18］. http：//www. ala. org/educationcareers/files/careers/corecomp/corecompetences/finalcorecompstat09. pdf.

［8］ Core Competencies for 21st century CARL Librarians ［EB/OL］. ［2016 – 01 – 12］. http：//www. carl – abrc. ca/uploads/pdfs/core_comp_profile – e. pdf.

［9］ YALSA's Competencies for Librarians Serving Youth：Young Adults Deserve the Best ［EB/OL］. ［2016 – 01 – 18］. http：//www. ala. org/yalsa/guidelines/yacompetencies2010.

［10］ Map, GIS and Cataloging / Metadata Librarian Core Competencies ［EB/OL］. ［2016 – 01 – 18］. http：//www. ala. org/magirt/sites/ala. org. magirt/files/content/publicationsab/MAGERTCoreComp2008_rev2012. pdf.

［11］ Competency Index for the LibraryField ［EB/OL］. ［2016 – 01 – 12］. http：// www. webjunction. org/content/dam/WebJunction/Documents/webJunction/Competency%20Index%20for%20Library%20Field. pdf.

［12］ Association for Library Service to Children （ALSC） Competencies for Librarians Serving Children in Public Libraries ［EB/OL］. ［2016 – 01 – 18］. http：//www. ala. org/alsc/edcareeers/alsccorecomps.

［13］ Framework for Information Literacy for Higher Education ［EB/OL］. ［2016 – 01 – 18］. http：//www. ala. org/acrl/sites/ala. org. acrl/files/content/standards/framework – chinese. pdf

［14］ Nonthacumjane P. Key skills and competencies of a new generation of LIS professionals ［J］. IFLA journal, 2011, 37 （4）：280 – 288.

［15］ Tanloet P, Tuamsuk K. Core competencies for information professionals of Thai academic libraries in the next decade （AD 2010—2019） ［J］. The International Information & Library Review, 2011, 43 （3）：122 – 129.

［16］ Antony Brewerton. Re – Skilling for Research：Investigating the Needs of Researchers and How Library Staff Can Best Support Them ［J］. New Review of Academic Librarianship, 2012, 18 （1）：96 – 110.

［17］ Ganaie S A. Faculty's Perception about technological competencies in library and information science profession：An Assessment ［J］. International Journal of information, Library and society, 2013：15 – 20.

［18］ Passonneau S, Erickson S. Core Competencies for Assessment in Libraries：a Review and Analysis of Job Postings ［J］. Library Leadership & Management, 2014, 28 （4）：1 – 19.

[19] Scripps – Hoekstra L, Carroll M, Fotis T. Technology competency requirements of ALA – accredited library science programs：An updated analysis ［J］. Journal of Education for Library and Information Science, 2014, 55 (1)：40 – 54.

[20] Robinson K P, Runcie R, Manassi T M, et al. Establishing a competencies framework for a Caribbean academic library：The case of the UWI library, Mona campus ［J］. Library Management, 2015, 36 (1/2)：23 – 39.

[21] Geraei E, Heidari G. Measurement of generic core competencies among students of library and information science in Iran ［J］. The Electronic Library, 2015, 33 (6)：1016 – 1030.

[22] UNL Libraries' Core Competencies ［EB/OL］. ［2016 – 01 – 14］. http：//libraries. unl. edu/StaffDevCore.

[23] Claudia Adams. Library staff development at the University of Auckland Library – Te Tumu Herenga. Library Management, Vol. 30 No. 8/9, 2009. pp. 593 – 607.

[24] Core Competencies for University of Saskatchewan Librarians ［EB/OL］. ［2016 – 01 – 14］. http：//library. usask. ca/info/files/CoreCompetenciesUniversityLibrarians2013. pdf.

[25] Smith D J, Hurd J, Schmidt L E. Developing core competencies for library staff How University of South Florida Library re – evaluated its workforce ［J］. College & Research Libraries News, 2013, 74 (1)：14 – 17, 35.

[26] 曹树金, 杨涛. 图书馆专业人才能力和知识需求实证研究 ［J］. 图书情报知识, 2008 (6)：36 – 43.

[27] 柯平, 赵益民, 詹越. 图书馆学专业毕业生就业核心竞争力 ［J］. 图书情报工作, 2009 (5)：11 – 14.

[28] 陈传夫, 丁宁. 美国新信息环境下图书馆职业核心能力的讨论及其借鉴意义 ［J］. 图书馆论坛, 2009 (6)：25 – 29.

[29] 陈传夫, 王云娣, 盛钊, 等. 图书馆员去职业化问题、原因及对策研究 ［J］. 中国图书馆学报, 2011 (1)：4 – 18.

[30] 宋姬芳, 祝小静, 于淼, 等. 高校图书馆职业资格认证制度构建问题探析——基于北京地区高校图书馆的调查 ［J］. 图书情报工作, 2013 (9)：44 – 51.

[31] 郭晶, 兰小媛, 宋海艳, 等. 高校图书馆学科馆员能力标准与资质认证规范研究 ［J］. 图书情报工作, 2014, 58 (11)：48 – 53.

[32] 李杨, 潘卫. 高校图书馆馆员分类发展探索与研究 ［J］. 大学图书馆学报, 2015 (1)：21 – 27.

［33］初景利，李麟. 美国图书馆员职业资格认证体系 ［J］. 国家图书馆学刊，2005
（3）：29 – 35.

［34］吴丹，余文婷. 近五年国内外图书情报学教育研究进展与趋势 ［J］. 图书情报知
识，2015 （3）：4 – 15.

［35］国务院法制办公室关于公布《中华人民共和国公共图书馆法（征求意见稿）》公
开征求意见的通知 ［EB/OL］. ［2016 – 01 – 12］. http：//www. chinalaw. gov. cn/
article/cazjgg/201512/20151200479628. shtml.

［36］教育部关于印发《普通高校图书馆规程》的通知（教高 ［2015］ 14 号）［EB/
OL］. ［2016 – 01 – 12］. http：//www. tgw. cn/sites/default/files/attachment/zxdt/
guicheng2015. pdf.

3 高校图书馆专业馆员职业 能力认识与需求调查研究

美国法律图书馆协会、美国科技情报学会、美国专门图书馆协会、加拿大研究图书馆协会等12家国外图书馆及其相关专业机构都制定了图书馆职业能力声明[1]。例如，美国法律图书馆协会制定的《法律图书馆员研究生课程指南》将职业能力分为一般能力与学科能力[2]。美国专门图书馆协会将专门图书馆信息专家应具备的能力分为3种，分别是专业能力、个人能力和核心能力[3]。此外，国外的一些大学图书馆也制定了馆员的职业能力。例如，内布拉斯加大学林肯分校图书馆制定的馆员的核心能力包括责任心、适应性、交际能力、职业知识或技术取向等[4]；南佛罗里达大学图书馆制定的图书馆工作人员每年业绩表现检查的代表性指标有8个，分别是岗位知识、生产率、工作质量、沟通、服务标准、团队协作、能动性、解决问题[5]。我国尚无特定组织对图书馆员能力提出标准，仅见一些文献对图书馆员职业能力进行了研究。上海交通大学图书馆开展了馆员素养培训，培训内容包括职业道德、专业技能、前沿追踪、其他素养[6]；宋姬芳以北京地区16所高校为调查对象，调查了图书馆对聘任人员的学历要求、学科专业要求，图书馆对馆员继续教育的规划、内容与形式等[7]；郭晶等研制了一套"中国高校图书馆学科馆员能力标准体系"[8]。而目前，业界对于专业馆员的职业能力构成尚未形成统一的认识。本章在调查高校图书馆专业馆员职业能力认识与需求的基础上，提出了高校图书馆专业馆员职业能力发展建议。

3.1　研究方法和过程

本研究中的专业馆员和职业能力说明如下。专业馆员：依据《普通高等学校图书馆规程》，专业馆员一般应具有硕士研究生及以上层次学历或高级专业技术职务，并经过图书馆学专业教育或系统培训[9]。职业能力：指专业人员为执行专业工作所应具备的专业领域相关知识与技能。

根据研究目的，本研究采取问卷调查的方式收集数据。调查问卷根据国内外图书馆职业能力相关文献设计，正式调查前，进行了试调查并征求了数位实证研究专家的意见，在综合考虑收到的反馈意见基础上修改完善问卷。问卷分为选择题和开放题两部分，共设 20 小题，以选择题为主；问卷内容分为 2 个部分：问卷填写者个人信息、专业图书馆员认知与需求调查，在专业图书馆员认知与需求调查方面，主要涉及高校图书馆专业馆员数量情况、对专业馆员应具备的能力的认识与需求、高校图书馆开展馆员分类管理与馆员培养情况等方面。调查采用网络调查的方式，将问卷内容通过问卷星发布，并通过圕人堂 QQ 群等多个 QQ 群发送调查问卷的链接；圕人堂 QQ 群（群号：311173426）是图书馆及图书馆学相关人员的交流群，其成员包括图书馆员、图书情报专业教师和学生、图书馆利益相关者等，现有成员近 1700 名。调查时间为 2016 年 3 月 31 日—4 月 30 日，收回有效问卷 412 份。

3.2　问卷填写者的基本信息

回收的 412 份问卷的填写者，除一位来自美国加州大学河滨分校外，其他 411 位来自全国 27 个省、自治区、直辖市。国内的问卷填写者，从其所在院校的办学层次来看，分别涉及"985"高校、"211"高校、地方本科院校、军校、高等专科院校、职业技术院校等；从其性别来看，女性占 67.96%，男性占 32.04%；从其年龄分布来看，30 岁以下占 12.38%，

30~39岁占51.7%，40~49岁占27.43%，49岁以上占8.5%；从其职称来看，正高占5.1%，副高占27.91%，中级占51.46%，初级占12.62%，其他占2.91%；从其学历看，博士研究生占6.31%，硕士研究生占57.52%，本科生占35.19%，大专生占0.97%；从其职务看，馆长或书记占3.16%，副馆长或副书记占5.34%，部主任占32.28%，无任何职务者占59.22%。问卷填写者分布范围广，从年龄、职称、学历等方面来看，问卷填写者多为精力旺盛、学历较高、关注图书馆发展、对于图书馆发展具有重要贡献的中坚力量，所以，问卷填写者具有一定的代表性。

3.3　调查结果分析与讨论

3.3.1　高校图书馆专业馆员数量情况

该题设置的所在馆的专业馆员数量占该馆总人数的比例为6个数值段：<10%、10%+、20%+、30%+、40%+、≥50%，另一个选项为"不清楚"。在412份回收的问卷中，选择"不清楚"的占21.36%，选择各个数值段的比例相差不大（如图3-1所示），其中，选择"≥50%"的高达15.05%，既有北京大学图书馆、上海交通大学图书馆、四川大学图书馆等985院校图书馆，也有地方本科院校，还有几所职业技术院校，可见我国高校图书馆的专业馆员队伍建设已经得到了各个办学层次高校的重视。同时，我们也发现，选择"<10%"的也有15.05%，这反映出我国还有相当一部分高校图书馆的专业馆员数量还比较少，这种情况多是由于学校多年来的进人机制造成的。例如，一些高校图书馆招聘的人员中有一部分是学历不高的非图情专业的人员。为了了解高校图书馆近年来新进人员的学历情况，问卷设置了"贵馆近三年来新进馆人员（含人事代理等）的学历情况"这一题，通过该题的调查结果发现，高校图书馆对于招聘高学历人员给予了广泛的重视，此题选择"硕士研究生"的高达72.09%，选择"博士研究生"的也有14.32%，招聘高学历人员为壮大专业馆员队伍提供了人才储备。

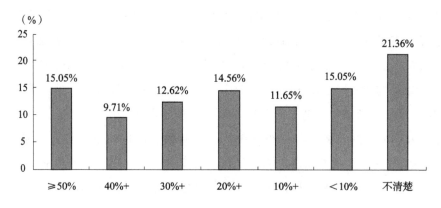

图 3-1　专业馆员占图书馆总人数的比例

3.3.2　对专业馆员应具备的能力的认识与需求

《普通高等学校图书馆规程》，中首次正式提出了专业馆员与辅助馆员这两个术语，目前，国内对于专业馆员、图书馆员职业能力等，尚未有明确性的指标或共识。"对专业馆员应具备的能力的认识与需求"部分也是这次调查的重点，该部分的调查共涉及 4 个问题，其中有 1 个是开放式问题，另外 3 个问题都设有开放式回答的选项。

（1）"您认为图书馆哪些岗位最需要专业馆员"（可多选），问卷中列出了 4 大类岗位，分别是学科服务、资源建设、技术支撑、图书馆管理。调查结果显示（如图 3-2 所示），各个选项所占的比例按学科服务、资源建设、技术支撑、图书馆管理这一顺序依次降低，选择学科服务岗位和资源建设岗位的比例差不多，可见，问卷填写者对这两类岗位的专业馆员要求已经达成了共识；选择"其他"选项并填写了相关信息的占 5.83%。通过这些信息，我们了解到，一些问卷填写者认为：馆长领导层、情报研究、阅读推广、参考咨询、信息检索、文献检索课、科技查新、档案特藏管理、知识服务、读者服务等岗位也需要专业馆员，另有一位问卷填写者认为：每个部门都需要专业馆员，但不是需要每个部门全是专业馆员。

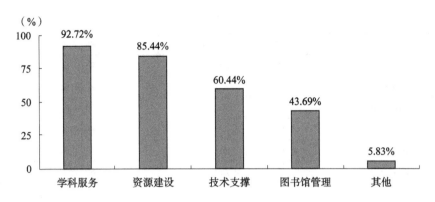

图3-2 不同岗位需要专业馆员的情况

（2）"您作为高校图书馆馆员，已具备以下哪些职业能力"（可多选），此题共列出了7种能力，并允许通过"其他"选项自行填写。调查结果见表3-1，选择信息素养，基础业务能力（英文文献阅读能力、计算机应用能力等），岗位业务能力（岗位相关基础知识、岗位操作技能等），服务能力（为用户提供服务的实效、准确性、与用户沟通能力等），职业道德（主动服务的意识、提供优质服务的意识等）等选项的比例都超过了80%，选择学术研究能力（开展科研课题研究、撰写专业研究论文的能力）的比例为62.38%，选择创新能力（服务项目及内容创新、服务方式创新等）的比例为48.3%，可见，问卷填写者普遍比较欠缺的能力为创新能力。此外，有1.7%（5位）的问卷填写者通过该题的"其他"选项填写了内容，涉及具备良好的书面和口头沟通能力（对外能与数据商谈判、对内能够主持各类会议、写报告），教学能力等方面的内容。

（3）"您认为高校图书馆专业馆员应具备哪些职业能力"（可多选），此题的选项设置与上一题相同。调查结果见表3-2，选择信息素养、基础业务能力、岗位业务能力、创新能力、服务能力、职业道德等选择的比例都在9成以上，选择学术研究能力的比例稍低。此外，有6.55%（16位）的问卷填写者通过该题的"其他"选项填写了内容，他们认为高校图书馆专业馆员应具备的能力主要涉及：不断学习的能力、数据挖掘技术及数据推送技术、领导力、数据分析能力、数据管理能力、团队精神、宣传表达能力、更高层次的国际视野与社会责任感、教学能力等方面。

表 3 - 1　已经具备的职业能力

选 项	小 计	比 例
信息素养	342	83.01%
基础业务能力	342	83.01%
岗位业务能力	390	94.66%
服务能力	358	86.89%
职业道德	368	89.32%
学术研究能力	257	62.38%
创新能力	199	48.30%
其他	7	1.70%

表 3 - 2　应具备的职业能力

选 项	小 计	比 例
信息素养	389	94.42%
基础业务能力	385	93.45%
岗位业务能力	385	93.45%
创新能力	375	91.02%
服务能力	398	96.60%
职业道德	398	96.60%
学术研究能力	359	87.14%
其他	27	6.55%

图书馆事业的发展，与技术环境、应用环境、用户环境，以及我国当下和今后一段时期的政治法律和社会经济环境等密切相关。图书馆事业为满足不同读者需求而进行相应要素组合所形成的运行形态，是影响图书馆职能及图书馆职业能力变化的重要因素。调查显示，信息素养、基础业务能力、岗位业务能力、服务能力、职业道德能力、学术研究能力均期待进一步加强，创新能力的提升尤为迫切。《大学与研究图书馆新闻》（C&RL News）2016 年第 6 期发布了美国大学与研究图书馆协会（ACRL）研究计划与审查委员会撰写的研究报告《2016 年高校图书馆发展大趋势》，9 大趋势为：研究数据服务；数字学术；馆藏评估趋势；图书馆集成系统与内容提供商或完成并购；学习证据：学生成功，学习分析，证照审核；高等

教育信息素养框架新方向；替代计量学；新兴员工职位；开放教育资源[10]。面对上述大趋势，职业能力因需而变，尚有诸多"其他"职业能力涌现。

（4）"您对高校图书馆专业馆员职业能力有何其他意见或建议"（如专业馆员应该是什么样子？专业馆员应该具备哪些职业能力？可结合自身所在岗位谈），在412份问卷中，有47份问卷未提出具体意见或建议，其中有42份问卷填写"无"，其他5份问卷表示"不清楚"；其他365份问卷都提出了具体的意见或建议，这些问卷中填写的内容可以归为三大类：第一是关于专业馆员自身能力条件的看法，第二是关于专业馆员制度贯彻实施方面的建议，第三是关于专业馆员及发展现状相关的表达。①关于专业馆员自身能力条件的看法。填写结果中体现的专业馆员应具备的能力条件主要涉及：图书情报专业知识、接受新事物的能力、不断学习新知识的意识、创新能力、职业道德、除图情专业外的其他专业背景、信息素养、沟通能力、宣传及营销能力、岗位技能、科研能力、熟悉学校学科设置及课程安排等基本情况、熟悉图书馆各岗位基础工作、团队意识、计算机技术、英文阅读能力、社交媒体运用能力、专业馆的图书馆员应具有双学位、专业馆员应具有硕士学位等。②关于专业馆员制度贯彻实施方面的建议。主要涉及面向上级机构的建议、面向高校图书馆的建议两个方面。在面向上级机构的建议方面，主要涉及如下内容：参考美国（国外）关于专业馆员的政策；国家进行专业馆员资格认证；国家应该出台强制性在职培训制度，将此纳入高等学校评估体系；专业馆员职业能力最好不与职称直接对等；加强政策层面的引导；由统一的机构开展专业馆员培训；工作内容上对专业馆员和辅助馆员有明确划分；出具更加详实可行的馆员职业发展规划，并由高校图书馆支持馆员进行深造；形成相关的硬性规定，提高专业馆员制度执行的效果；应该用学历要求制定统一的入门门槛；高校提高对图书馆的重视等。在面向高校图书馆的建议方面，主要涉及如下内容：高校图书馆应加强专业馆员和辅助馆员的建设；高校图书馆有计划引进或培养专业带头人；高校图书馆应鼓励馆员在职学习和进修；高校图书馆的领导要鼓励馆员提升专业能力和科研能力；实行专业馆员进馆后各部门轮转制；新馆员入馆时辅导其计划职业生涯规划，确定今后工作发展方向，制定学术发展研究方向和培训计划；专业馆员首先在部分类别中（学科馆员）推行，采用自愿原则，分步培训、考核；鼓励馆员进行继续教育，开展图书馆学界的交流，建立科学合理的考核机制；开展岗位相关的专业技能培训；专业馆员应该更加细化，如做学科分析的最好是文献计量学专业毕业，做查新的最好是专业技术毕业；高校图书馆应该提高专业馆员的比例；高校图书馆目前要做的工作应该是对在职馆员的职业能力进行梳理归类，对每个人进行职业规划，然后再有的放矢地制订培养计划，派馆员进行培训和进修等。③关于专业馆员及发展现状相关的表达。主要涉及如下方面：一些高校（专科或职业技术院校）图书馆工作人员的学历层次还比较低；受限于图书馆经费，馆员很难有外出培训机会，大多需要自费培训，经济压力大；图书馆内人手紧缺，团队协作意识不够强；个别问卷填写者对专业馆员术语不理解等。

3.4 高校图书馆开展馆员分类管理与馆员培养情况

3.4.1 馆员分类管理

这次调查设置了"贵馆是否实行了或正在酝酿专业馆员和辅助馆员的分类管理"一题，调查发现，7 成以上的问卷填写者选择了"目前还没有"这一选项，而选择"已经实行"选项的仅占 4.37%，选择"正在酝酿"选项的占 12.62%，其他 8.98%选择了"不清楚"。选择"已经实行"选项的问卷填写者来自 16 所高校，除了美国加州大学河滨分校外，其他 15 所高校分布在江苏、广东、辽宁、贵州、湖南、湖北、重庆、浙江、上海等省份，其中，江苏、广东两省各有 3 所院校；15 所高校涉及 985 院校、地方本科院校、职业技术院校等办学层次的院校。已经实行馆员分类管理的高校图书馆数量虽然不多，也说明了一部分高校图书馆已经具有了馆员分类管理的意识；这些高校分布的省份较广，涉及不同的办学层次，有利于馆员分类管理理念的进一步传播与推广。

3.4.2　馆员培养

高校图书馆实施馆员培养计划能够促进馆员的发展。这次调查共有两个馆员培养方面的问题。

（1）高校图书馆为提高馆员职业能力开展的培训工作。随着图书馆的发展，馆员职业能力也需要不断提高，高校图书馆为提高馆员职业能力开展一些培训工作，能够促进馆员职业能力的发展。问卷中设置的"贵馆为提高馆员职业能力开展的培训工作包括"选题共设置 5 个选项，此题为多项选择题。调查发现，选择开展"岗位技能培训"的比例最高，达67.96%，其次是"图情基础知识培训"，达 58.01%，开展"馆员职业道德培训"的为 41.2%，没有开展任何馆内培训的占 16.75%；可见，"岗位技能培训"和"图情基础知识培训"都是高校图书馆重视的培训内容，这些培训可以让馆员掌握基本的专业技能及相关的图情专业知识，较好地完成基本的岗位工作。选择"其他"选项并填写相关内容的占 7.77%，通过问卷填写者填写的内容，我们可以了解到：除了问卷设置的比较大众的三类培训外，个别高校图书馆还开展了数据分析、前沿研究进展、互联网应用能力、学科知识等方面的培训，还有的高校图书馆以交流会的形式安排外出学习馆员回馆后为其他馆员介绍所学知识；也有高校图书馆派馆员参加省图工委举办的业务培训、图情行业内的培训、学术年会等培训或会议，或派馆员到其他高校图书馆交流及学习；美国加州大学河滨分校图书馆则有固定的政策，即"每个馆员每年有固定经费，可自由选择参加自己喜欢的专业会议、培训讲座；管理员则需要申请"。此外，个别高校图书馆的培训还存在不系统、惠及的馆员少等方面的问题。

（2）高校图书馆培养高层次的专家和学术带头人，以及实行"馆员在职学习和进修"计划的情况。《普通高等学校图书馆规程》要求："高等学校应将图书馆专业馆员培养纳入学校的人才培养计划，重视培养高层次的专家和学术带头人。鼓励图书馆工作人员通过在职学习和进修，提高知识水平和业务技能。"依据《普通高等学校图书馆规程》这一要求，本次调查共设置了 3 个问题。①"贵馆是否重视培养高层次的专家和学术带头人"，有41.02%的问卷填写者选择"重视"，其他58.98%的问卷填写者选择"不重视"，可见，尚有较多的高校图书馆未对培养高层次的专家和学术带头人引起足够的重视。通过对选择"重视"选项的问卷填写者的进一步调查发现，仅有44.51%的高校图书馆制定了相关的激励措施来培养高层次的专家和学术带头人，其他55.49%的问卷填写者所在的高校图书馆还未制定相关的激励措施。②"贵馆是否正在酝酿或已经出台'馆员在职学习和进修计划'"，选择"已经制订该类计划"的占18.93%，选择"正在酝酿该类计划"的占22.82%，选择"无该类计划"的占36.65%，有21.6%的问卷填写者表示"不清楚"。由此可见，图书馆工作人员的在职学习和进修还有待更多高校及高校图书馆的重视，作为高校图书馆，宜针对本馆岗位设置情况，以及本馆工作人员的学历、职称、岗位能力等情况，制订馆员在职学习和进修计划，并积极争取学校有关部门的同意，使本馆工作人员能够通过在职学习和进修的途径，进一步提高知识水平和业务技能。③"您是否有过在职学习或进修的经历"，62.14%的问卷填写者有过这种经历，其他37.86%的问卷填写者没有过这种经历；通过进一步调查发现，在有过在职学历或进修经历的问卷填写者中，有5.67%的人有国外学习或进修经历，另外94.33%有过国内学习或进修经历，可见，被派到国外学习或进修的图书馆员还很少，由于国内学习或进修的花费及办理手续都相对简单，使得更多的高校图书馆工作人员仅有国内学习或进修的机会。

3.5 高校图书馆专业馆员职业能力发展建议

3.5.1 理解高校图书馆专业馆员与辅助馆员的界定

笔者通过 QQ、微信等实时通信工具宣传问卷调查事宜时，一些高校图书馆员反映，不知道如何界定专业馆员和辅助馆员，《普通高等学校图书馆规程》中也未对专业馆员和辅助馆员进行明确的界定。对于此问题，参与修订《普通高等学校图书馆规程》的专家给出了界定的方法，有助于高校图书馆员深入理解专业馆员和辅助馆员。雷震指出[11]：专业馆员承担文献采选、编目、信息咨询、学科文献服务、数字图书馆建设、信息素质教育教学等专业工作，是需经过图书馆学专业教育或系统培训方能胜任的工作；辅助馆员承担文献加工、书库管理、解答一般咨询、安全值守等经过短期培训即能上岗的工作。燕今伟等指出[12]：在区分专业馆员和辅助馆员时，具有高级专业技术职务的人员应为专业馆员，而中级专业技师职务则专业馆员和辅助馆员交叉的一个区域。专家们分别从从事的岗位、培训的内容及时间，专业技术职务等方面界定了专业馆员和辅助馆员。结合《普通高等学校图书馆规程》中对专业馆员的界定及专家的解读，我们可以理解为：具有硕士学位，或经过图书馆学专业教育或系统培训，并掌握专业服务技能是高校图书馆成为专业馆员的必要条件，能够胜任专业性较强的岗位工作的文献资源建设馆员、编目员、深层次咨询服务馆员、学科服务馆员、科技查新馆员、图书馆信息技术馆员、阅读推广馆员、信息素养教育馆员等都可以称之为专业馆员，已经具有高级专业技术职务的馆员也可以称为专业馆员。

3.5.2　构建高校图书馆专业馆员职业能力框架

构建高校图书馆专业馆员职业能力框架，明确高校图书馆专业馆员需要具备的能力，是提升专业馆员职业能力的必要工作。职业能力框架有助于图书馆员认识自身所在机构在技能方面的差距，依据有关职位能力的描述，可以开展自我评估，也可供职业能力培训提供参考。目前，高校图书馆专业馆员相关工作才刚刚起步或尚未起步，结合笔者的前期研究成果[13]及此次调查结果，笔者构建的高校图书馆专业馆员职业能力框架雏形如图3-3所示。

图书馆事业为满足不同读者需求而进行相应要素组合所形成的运行形态，是影响图书馆职能变化的重要因素。由于泛在网络发展和商业信息服务竞争，使用户需求朝着多渠道、移动化、社交化等方向发展，进而促使图书馆向着新的业态转变。而图书馆新业态环境要求图书馆馆员职业核心

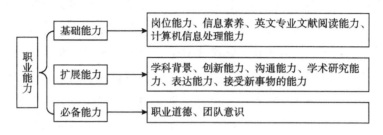

图 3 - 3　高校图书馆专业馆员职业能力框架图

能力随之改变，以应对信息环境和社会环境对图书馆的冲击。图书馆员是图书馆运作的重要资源。各类型图书馆对核心能力的要求不同。不同类型的图书馆由于图书馆性质、任务和目标不同，对图书馆员的能力要求不尽相同。职业能力内涵具有历史发展性，并且呈现出逐步丰富与宽泛的趋势。

3.5.3　建立高校图书馆专业馆员职业能力提升体系

高校图书馆的服务内容与方式随着社会环境的变化而变化，从而对高校图书馆专业馆员的职业能力要求也会随之变化，因此，专业馆员需要根据服务内容与方式的变化提高自身能力。专业馆员作为高校图书馆的一个个体，其职业能力的提升依赖于其所处的环境，一是其工作的图书馆，二是图书馆界的整体环境，因而，需要建立高校图书馆专业馆员职业能力提升体系。

3.5.3.1　高校图书馆重视专业馆员职业能力培训

高校图书馆需要根据馆内岗位设置情况，以及馆内专业馆员的职业能力情况，制订专业馆员职业能力培训计划。首先，制订馆内培训计划。比如，对于新进馆的具有硕士学位人员、拟调到新的专业性强的岗位的人员，高校图书馆应开展内部培训，请岗位专业技能强的专业馆员为上述人员开展能力培训，通过馆内培训，提升其岗位能力。高校图书馆还可以邀请馆外的专家到馆开展培训。例如，邀请图情界的专家讲授图书馆发展趋势方面的知识，开阔专业馆员的视野，提高其主动学习新知识的意识。其次，制订专业馆员外出培训计划。高校图书馆可以根据实际情况，安排馆员参加专业技能方面的培训，如编目员培训、科技查新培训等；有条件的高校图书馆还可以与学校相关部门协调，安排馆员在职攻读国内图情专业名校的研究生，全面提升专业馆员的职业能力。

3.5.3.2 图书馆界上级机构重视专业馆员职业能力培训

高校图书馆专业馆员职业能力的提升离不开上级机构的宏观协调与指导。教育部高等学校图书情报工作指导委员会（简称"图工委"）在高校图书馆的发展中发挥了协调、咨询、研究和指导作用，中国图书馆学会是我国全国性的图书馆及相关行业的社会组织，中国图书馆学会高等学校图书馆分会（简称"高校分会"）是中国图书馆学会的一个分支机构，"图工委"和"高校分会"都对高校图书馆事业的发展起到了重要的影响作用，尤其是"图工委"直接指导高校图书馆的工作，因此，"图工委"拟定高校图书馆专业馆员职业能力提升培训计划，将会极大地提升培训效果。首先，"图工委"可以召集高校图书馆界的专家，进一步深入解读专业馆员的职业能力，拟定专业馆员职业能力培训计划，由专家制订的培训计划具有很强的可操作性。其次，由"图工委"组织拟定的专业馆员职业能力培训计划具有很强的执行力，这种自上而下的培训安排容易得到高校主管领导的认可，从而使高校图书馆更多的专业馆员有机会参加培训。此外，"高校分会"可以发挥联合高校图书馆的作用，号召高校图书馆联合开展专业馆员职业能力培训，成立专业馆员职业能力培训联盟，由联盟内高校图书馆的专家组建培训指导委员会，在联盟高校图书馆中开展到馆培训工作。

3.5.4 建立专业馆员职业资格认证制度

图书馆员职业资格认证，是对个人是否具备从事图书馆工作所需知识与技能，并达到图书馆行业规定水平的一种资格认证行为[14]。美国、英国、韩国、日本等国家都实行了图书馆员职业资格认证制度[15-18]，我国也有研究者提出建立图书馆员职业资格认证制度[19-22]，但是尚未建立此类制度。在美国，专业馆员必须在 ALA 认定的图书馆学院系取得图书馆学硕士学位。当前，我国也正式提出了"专业馆员"术语，在馆员队伍建设理念方面已经实现了突破，我国图书馆界应该以此为契机，建立专业馆员职业资格认证制度。首先，专业馆员职业资格认证制度的建立及实行需要相关政府部门组织专家进行研讨，由政府部门进行决策。其次，"图工委"和"高校分会"作为高校图书馆发展的重要指导组织，应在政府政策的引导下，主动承担起制定专业馆员职业资格认证制度及实施方案的工作[23]，这也契合了国家关于"按规定需要对企业事业单位和个人进行水平评价的，改由有关行业协会、学会具体认定"的政策要求[24]。其次，高校图书馆专业馆员职业资格认证制度，应以我国"专业馆员"的界定方法为前提，综合考虑到学位和专业技术职务等两个方面的因素；还要考虑到图书馆专业岗位因素，针对不同的岗位制定不同的专业馆员职业资格认证制度。

3.6 结　语

国内对于图书馆员职业能力、高校图书馆的价值、专业馆员等，尚未有明确性的指标或共识，需要结合图书馆和图书馆学发展史、图书馆社会职能和社会责任、图书馆学科体系和工作内容、图书馆工作者特质和素养等多角度考察高校图书馆专业馆员职业能力。我国高校办学方式多样，目前处于又一次改革大潮，国家相关政策在调整之中。全国高校图书馆发展的不平衡，量化指标提出的要求不宜过高，但对于高校图书馆职能的扩展要反映当前形势的发展，提出新的要求。本章旨在了解我国高校图书馆专业馆员职业能力认知与需求的情况，征求图书馆专家、同人对高校图书馆专业馆员职业能力的意见和建议，并据此做出分析判断，为促进高校图书馆专业馆员职业能力发展提供借鉴与参考。我们将围绕如何在新业态环境下培养高校图书馆专业馆员新的职业能力，通过对图书馆馆长、图书馆员、图书馆学教师、图书馆用户及其他利益相关者的实地问卷访谈数据运用假设模型进行验证，具体量化各个影响因素对高校图书馆专业馆员职业能力的影响，为提出并完善我国高校图书馆专业馆员职业能力体系提供理论与实证的支持。

参考文献

[1] [13] 王启云. 国内外图书馆职业能力研究进展与启示 [J]. 大学图书馆学报，2016 (3)：23 - 29.

[2] AALL Guidelines for Graduate Programs in Law Librarianship [EB/OL]. [2016 - 06 - 04]. http：//www. aallnet. org/about/graduate_guidelines. asp.

[3] Competencies for Information Professionals [EB/OL]. [2016 - 06 - 04]. http：//www. sla. org/about - sla/competencies/.

[4] UNL Libraries' Core Competencies [EB/OL]. [2016 - 06 - 05]. http：//libraries. unl. edu/StaffDevCore.

[5] Smith D J, Hurd J, Schmidt L E. Developing core competencies for library staff How University of South Florida Library re - evaluated its workforce [J]. College & Research Libraries News, 2013, 74 (1)：14 - 17, 35.

[6] 李杨，潘卫. 高校图书馆馆员分类发展探索与研究 [J]. 大学图书馆学报，2015 (1)：21 - 27.

[7] 宋姬芳，祝小静，于淼，等. 高校图书馆职业资格认证制度构建问题探析——基于北京地区高校图书馆的调查 [J]. 图书情报工作，2013 (9)：44 - 51.

[8] 郭晶，兰小媛，宋海艳，等. 高校图书馆学科馆员能力标准与资质认证规范研究 [J]. 图书情报工作，2014, 58 (11)：48 - 53.

[9] 教育部关于印发《普通高校图书馆规程》的通知（教高 [2015] 14 号）[EB/OL]. [2016 - 06 - 10]. http：//www. tgw. cn/sites/default/files/attachment/zxdt/guicheng2015. pdf.

[10] 2016 top trends in academic libraries：A review of the trends and issues affecting academic libraries in higher education [EB/OL]. [2016 - 07 - 11]. http：//crln. acrl. org/content/77/6/274. full. pdf + html.

[11] 雷震.《普通高等学校图书馆规程》修订前后之比较 [J]. 大学图书馆学报，2016 (2)：14 - 19.

[12] 燕今伟，朱强.《普通高等学校图书馆规程》修订述要 [J]. 大学图书馆学报，

2016 (02): 9 – 13.

[14] 魏春梅, 盛小平. 美国图书馆职业资格认证标准与实施制度分析 [J]. 图书情报工作, 2013 (24): 17 – 23.

[15] 初景利, 李麟. 美国图书馆员职业资格认证体系 [J]. 国家图书馆学刊, 2005 (3): 29 – 35.

[16] 邝婉玲, 盛小平. 英国图书馆职业资格认证标准与实施制度分析 [J]. 图书情报工作, 2013 (24): 24 – 30.

[17] 陈娟, 盛小平. 日本图书馆职业资格认证标准与实施制度分析 [J]. 图书情报工作, 2013 (24): 31 – 38.

[18] 李吉子. 韩国图书馆员职业资格认证制度 [J]. 国家图书馆学刊, 2005 (3): 41 – 44.

[19] 陈传夫, 王云娣, 盛钊, 等. 图书馆员去职业化问题、原因及对策研究 [J]. 中国图书馆学报, 2011 (1): 4 – 18.

[20] 马祥涛, 田家才. 我国图书馆职业资格认证制度探析 [J]. 图书馆学刊, 2013 (7): 24 – 26.

[21] 郭晶, 兰小媛, 宋海艳, 等. 高校图书馆学科馆员能力标准与资质认证规范研究 [J]. 图书情报工作, 2014 (11): 48 – 53.

[22] 王凌. 从职称制度的弊端论职业资格认证制度的实施 [J]. 图书与情报, 2009 (6): 123 – 126, 143.

[23] 胡京波. 图书馆学会在实施图书馆员职业资格认证中的作用 [J]. 图书馆论坛, 2006 (6): 328 – 331.

[24] 冯佳. 国外图书馆职业资格认证推行方式研究 [J]. 图书馆杂志, 2015 (2): 68 – 73.

4 美国高校图书馆专业馆员职业能力调查与分析——基于高校图书馆招聘的视角

《普通高等学校图书馆规程》正式提出了专业馆员术语[1]。职业能力，指专业人员为执行专业工作所应具备的专业领域相关的知识与技能。而目前，我国图书馆业界对于高校图书馆专业馆员的职业能力的构成存在不同的认识。相比之下，美国图书馆及相关机构已经制定了专业馆员职业能力标准。例如，美国法律图书馆协会制定的《法律图书馆员研究生课程指南》[2]，美国大学与研究图书馆协会制定的《教学图书馆员与协调员能力标准》[3]，美国咨询与用户服务协会制定的《咨询与用户服务图书馆员职业能力》[3]等，这些能力标准为我们从宏观角度了解专业馆员职业能力构成提供了很好的借鉴。而且美国高校图书馆专业馆员的职业能力构成，对我国高校图书馆专业馆员职业能力发展也具有借鉴意义。我国已经有研究者对国外图书馆具体职位人员的职业能力进行了研究。例如，叶兰分析了国外图书馆数据监护职位人员的知识与技能要求[4]；孟祥保等分析了国外高校图书馆数据馆员的胜任条件[5]；朱育晓等分析了美国大学图书馆学术交流职位任职能力要求[6]。然而，上述文献并未综合分析多个职位专业馆员的职业能力。因此，本章从美国图书馆协会网站发布的高校图书馆招聘信息着手，分析美国高校图书馆专业馆员的职业能力，并提出我国高校图书馆专业馆员职业能力发展建议。

4.1 关于本章研究的美国高校图书馆专业馆员界定的说明

根据于良芝等人的研究可知，美国的专业馆员是在图书馆协会认可的学校取得图书馆学情报学硕士学位的馆员[7]。关于国内图书馆专业馆员的界定方面，《普通高等学校图书馆规程》指出：专业馆员一般应具有硕士研究生及以上层次学历或高级专业技术职务，并经过图书馆学专业教育或系统培训[1]。本章的研究旨在分析美国高校图书馆从事专业技术性较强的工作的人员的职业能力状况，从而提出我国高校图书馆专业馆员职业能力发展建议，因此，本章研究的美国高校图书馆专业馆员是指：从事专业技术工作，受过图书馆学专业教育或系统培训，或具有多年专业职位工作经历的人员。

4.2 数据来源及统计相关说明

笔者以美国图书馆协会网站的 JobLIST 网站发布的高校图书馆专业馆员招聘信息为统计源[8]。分别于 2017 年 7 月 10—12 日、7 月 23 日两个时间段，对 JobLIST 网站发布的高校图书馆专业馆员招聘信息进行统计，共获得了 198 个职位的招聘信息（该网站信息更新较快，一般保留 1～2 个月时间内发布的信息，保留的信息保持在 250 条左右）。经过筛选，保留了 183 条职位要求内容较全面的招聘信息。183 个招聘职位主要涉及 12 个类别，类别名称及具体的职位名称见表 4 – 1（类别名称来源于招聘信息）。

表 4 – 1 183 个招聘职位的类别涉及的类别及具体的职位名称

职位类别	职位名称举例	职位类别	职位名称举例
保存或保护	保护馆员、保存馆员	区域研究或学科专家	化学与生物科学馆员、人文馆员
编目或书目控制	编目和元数据馆员、中文编目馆员	数字项目	数字馆藏馆员、数字策展协调员
参考	参考咨询馆员、参考和在线学习馆员	特色馆藏或档案	特色馆藏馆员、数字档案馆员
访问服务或流通	访问服务和外展馆员、评估和用户体验馆员	网页服务	用户体验或网页设计馆员、网页馆员
馆藏开发或采访	馆藏发展馆员、馆藏发展和连续出版物馆员	信息技术或系统	系统与机构库馆员、数字人文专家

职位类别	职位名称举例	职位类别	职位名称举例
行政或管理	图书馆馆长、图书馆服务主管	信息素养或教学	学术指导馆员、数字教育馆员
技术服务	元数据技术项目主管、技术服务和元数据馆员	研究	研究服务馆员、生物医学与翻译科学研究馆员

由表4-1可知，本章调查分析的样本涉及的职位类别比较全面，涉及的具体的专业职位比较多，能够比较全面地反映美国高校图书馆专业馆员的职业能力构成情况。

此外，由于JobLIST网站保留发布信息的时期较短，为了便于读者日后进一步查阅本章所引用的美国高校图书馆的招聘信息详情，笔者在通过JobLIST网站获得招聘信息后，将引用的高校图书馆的招聘信息重新在其学校网站或图书馆网站等重新查找到招聘信息，将大学网站或图书馆网站发布的招聘信息作为参考文献来源。

4.3　美国高校图书馆专业馆员职业能力构成

4.3.1　学历

调查的183个职位中，有181个职位对学历进行了要求。其中，有10个职位对学历的最低要求为本科（学士学位），同时，有5个要求本科学历的职位要求有比较长时间的相关工作经验。例如，弗吉尼亚理工大学图书馆对战略交流主任的学历要求为：本科学历及相关经验或硕士学位[9]；弗吉尼亚大学图书馆对发展执行主任的学历要求为：本科学历及4~7年相关工作经验[10]。其他171个职位对学历的最低要求为硕士，其中，有156个职位明确要求具有美国图书馆协会认可的图书馆学硕士或图书情报学硕士，15 个职位要求其他专业的硕士。例如，北卡罗来纳州立大学图书馆对网页和数据库开发馆员的学历要求为：美国图书馆协会认可的图书馆学硕士或图书情报学硕士[11]；加州大学伯克利分校图书馆对美国近代史学术专家的学历要求为：历史学科硕士及以上学位[12]。可见，美国高校图书馆专业馆员具有较高的学历，并且呈现以图书馆学硕士或图书情报学硕士人员为主、其他学科硕士人员为辅的专业馆员队伍，同时，也体现了美国高校图书馆对于专业馆员的图书馆学知识的重视。

4.3.2　经验

调查的 183 个职位中，有 182 个职位要求具有相应的经验，仅见新墨西哥初级学院招聘的参考馆员的要求中说明：鼓励最近毕业的人员申请。可见，美国高校图书馆看重专业馆员已经具备的经验。专业馆员应具有的经验包括：在图书馆工作的经验、在图书馆某个职位工作的经验、从事图书馆某项具体工作的经验 3 个方面。例如，亚利桑那州立大学图书馆要求特色馆藏主管具有如下经验：在图书馆从事 3～5 年的馆藏发展经验，5～7 年在学术或研究图书馆的专业工作经验，选择和管理珍贵书籍、特色馆藏或档案资料的经验，管理项目和会议期限的经验，成功撰写基金申请的经验，促进项目团队和（或）工作组的经验等[13]。塔夫茨大学图书馆要求艺术与人文团队负责人具有如下经验：至少 5 年在学术图书馆工作的经验，具有使用与艺术和人文学科相关的图书馆研究工具的经验，在学术图书馆或高等教育环境中信息素养教学的经验等[14]。中央俄克拉荷马大学图书馆要求网页开发人员具有如下经验：4 年以上在选定技术领域的同等工作经验，选定的技术领域涉及：提供基础理论、原理和概念等知识的编程、创建虚拟空间等；并优先考虑具有 MARC 编目、UNIX／Linux 命令、SQL 数据库和 jQuery 等经验的人员[15]。美国高校图书馆专业馆员不断积累的工作经验，是其积累的综合的职业能力。

4.3.3　知识与技能

4.3.3.1　职位相关的知识与技能

调查的 183 个职位中，有 75 个职位要求具有职位相关的知识与技能，涉及上述 12 个职位类别，其中，专业技术性较强的职位，要求的职位相关的知识与技能越明确具体。例如，得克萨斯理工大学图书馆建筑图像馆员（副馆员）职位的职责为：负责建筑图书馆数字图像馆藏的持续发展，具体涉及应用图像和元数据标准进行建筑及相关领域的图像馆藏的采访、元数据创建和管理的监督，参与嵌入建筑学院课堂的图书馆课程或视觉素养模块的开发与教学工作等。该职位所要求的知识与技能包括：具有使用 VRA Core 的图像元数据的基本知识和图像采集标准知识，熟悉与图像采集有关的版权问题，具有数字图像技术、数字摄影技术和 Adobe Photoshop 技术等[16]。杨百翰大学图书馆视听材料和媒体艺术史策展人职位的职责为：遵循公认的标准和做法，识别、评估、获取、处理、供用户访问和保存档案照片、卷轴、磁带、录音带、胶片、录像带和其他音频和视频格式的资料，并保持和深度开发现有馆藏所记录的媒体艺术历史的知识。该职位所要求的知识与技能包括：处理和保存照片或其他视听材料的能力，了解影响照片和其他音像材料的法律和道德问题，熟悉档案馆藏管理系统或数据库，具有评估、安排和描述档案馆藏的能力，具有适用于视听材料的档案和图书馆描述标准的能力等[17]。职位相关的知识与技能是做好职位工作的必备职业能力。

4.3.3.2　图情领域的知识与技能

调查的 183 个职位中，有 71 个职位要求具有图情领域的知识与技能，涉及除保存或保护、访问服务或流通、技术服务等类别以外的其他职位类别。具体的知识与技能涉及图情基础知识、图情领域标准、信息资源掌握与使用、读者需求信息的把握等方面。例如，宾夕法尼亚州立大学图书馆要求政治学、政策研究和政府信息馆员了解定量方法和研究设计；了解学术或研究图书馆环境中的新兴实践、标准和趋势，包括：开放获取、数据发现和使用以及数字学术[18]。天普大学图书馆要求编目服务和元数据战略主管了解适用的国家编目和数据库标准（AACR2rev、RDA、LCSH、LC 分类），以及传统和新兴的元数据知识，包括 MARC、Dublin Core、EAD、MODS、BibFrame 等[19]。南加州大学图书馆要求哲学图书馆馆长或人文馆员了解图书馆收藏的人文科学和社会科学资源，熟悉馆藏管理与馆藏发展知识[20]。北卡罗来纳大学夏洛特分校图书馆要求人文馆员了解具有博士学位的研究生和教师的研究需求，了解指定地区信息资源的结构、使用和保存[21]。

4.3.3.3　其他学科背景

调查的 183 个职位中，有 55 个职位要求具有其他学科背景，涉及除访问服务或流通、数字项目、特色馆藏或档案等类别以外的其他职位类别，其中，较多的馆藏发展馆员、学科专家等涉及学科资源建设与服务的职位要求具有其他学科背景。具体的学科涉及自然科学、社会科学、人文科学等比较广泛的学科，具体的学科知识通常与职位有关。美国高校图书馆对专业馆员的其他学科背景的要求包含两个层次：第一是要求除了具有图书馆学硕士或图情硕士学位外，同时具有其他学科的学位，第二是优先考虑具有除图书馆学硕士或图情硕士学位外的其他学科学位的人员。例如，埃默里大学法律图书馆对副法律馆员的学历要求为：美国律师协会认可的法律学院的法律博士，并且是美国图书馆协会认可的图书馆学硕士[22]；亚利桑那州立大学图书馆对 STEM 部门参与和外联主管的学历要求为：美国图书馆协会认可的硕士学位，并且具有 STEM 学科学士或硕士学位[23]。印第安纳大学图书馆艺术、建筑与设计馆员职位，优先考虑具有与艺术、建筑或设计相关学科的高级学位者[24]。

4.3.3.4　计算机技术或信息技术技能

调查的 183 个职位中，有 63 个职位要求具有计算机技术或信息技术技能，涉及上述 12 个职位类别。具体的技能涉及计算机软硬件使用技能、新兴技术工具使用技能等方面。例如，埃默里大学图书馆要求图书馆保护主管表现出使用个人计算机、软件、网络和图书馆相关的信息技术应用程序的熟练程度和能力，熟悉 Microsoft Outlook、Word、Excel、Access、Power-Point 或其他工具软件等标准计算机办公应用程序[25]。明尼苏达大学图书馆要求生物科学联络馆员和科学数据策展人具有用于收集和分析科学数据的软件包和文件格式知识，如 SQL、MATLAB、Python 以及支持可重复研究的工具和工作流程的知识[26]。休斯顿大学图书馆要求英语馆员熟悉数字人文学科的工具和技术[27]。

4.3.3.5 其他知识与技能

其他知识与技能主要包括：图情及相关领域发展趋势与新兴技术知识、项目管理技能、评估知识与技能、其他语种语言知识等。①图情及相关领域发展趋势与新兴技术知识方面，主要是要求馆员了解高等教育、学术、图书馆等方面的发展趋势，以及图书馆的新兴技术，或具有学习新兴技术的能力与兴趣。有42个职位有此方面的要求，涉及区域研究或学科专家、行政或管理等7个类别。例如，加州大学洛杉矶分校图书馆要求教育馆员了解当前的技术和新兴技术及其在以学习者为中心的图书馆服务和信息资源方面的用途[28]。②项目管理技能方面，有33个职位有此方面的要求，涉及除访问服务或流通、研究等类别以外的其他10个类别。例如，塔夫茨大学图书馆要求艺术与人文团队负责人具有项目管理经验[14]，加州大学伯克利分校图书馆要求美国近代史学术专家具有项目管理能力、培训能力、领导能力[12]。③评估知识与技能方面，有19个职位有此方面的要求，涉及行政或管理、参考等9个类别，其中以行政或管理类别的职位为多数。例如，塔拉哈西社区学院图书馆要求图书馆服务主任：能够评估、实施和评价图书馆计划和服务的需求，能够评价图书馆计划和服务的有效性[29]。④其他语种语言知识。有14个职位有此方面的要求，涉及区域研究或学科专家、行政或管理等7个类别。例如，埃默里大学图书馆要求图书馆保护主管了解一种或多种外语[25]。

4.3.4 能力

《现代汉语词典》（第7版）对能力的解释为：能胜任某项工作或事务

的主观条件。有 145 个职位对能力提出了要求，涉及上述 12 个职位类别。美国高校图书馆对专业馆员的能力要求涉及沟通能力、表达能力、人际关系能力、合作能力、专业发展与学术研究能力、独立工作的能力、适应新环境的能力、创新性工作的能力、分析能力、组织能力、领导能力、监督能力等。其中以对沟通能力、表达能力、人际关系能力、合作能力等要求为多数。例如，埃默里大学图书馆对图书馆保护主管的能力作出了比较全面的要求：具有在时间和预算范围内，确定任务或项目的优先级、达成期限，以及完成任务和项目的能力；致力于创造多元化的教育环境和工作环境，并有能力与多样化的教师、员工和学生群体有效合作；能够有效应对不断变化的需求和优先事项；愿意以积极性、创造力和领导力迎接新机遇；积极参加、参与、领导地方、州、区域、国家或国际专业或学术协会[25]。圣选戈大学图书馆要求访问服务和外展馆员具有如下能力：具有管理和监督能力；良好的人际关系，口头和书面沟通能力；有效地独立工作和团队合作的能力；参与专业发展，以及满足重新任用、晋升和任职条件的能力[30]。

4.4　基于招聘视角总结美国高校图书馆专业馆员职业能力

通过分析招聘信息可知美国高校图书馆专业馆员职业能力的构成情况：①美国高校图书馆专业馆员的职业能力可以归纳为 4 大类：学历、经验、知识与技能、能力等。其中，经验、知识与技能、能力 3 类职业能力又包含不同小类别的职业能力。②美国高校图书馆重视专业馆员综合职业能力，调查的 183 个职位都要求至少具备学历、经验、知识与技能、能力中的 3 类；无论是美国全国性的研究性大学的图书馆职位，还是地方性学院图书馆的职位，无论是图书馆馆长职位，还是普通的专业职位，都要求专业馆员具备综合的职业能力，体现了美国高校图书馆对于专业馆员队伍建设的重视。同时，美国高校图书馆对于专业馆员综合职业能力的要求，在一定程度上会激发了专业馆员提高自身职业能力的主动性，有利于提升高校图书馆专业馆员整体的职业能力。③美国高校图书馆重视专业馆员的图情专业教育，美国图书馆协会认可的图书情报学教育机构在专业馆员的专业教育方面发挥着重要的作用。④图书馆从业经验，是美国高校图书馆招聘专业馆员时的重要条件，也是专业馆员积累的重要的职业能力，对于其很好地从事新职位的工作具有重要意义。⑤主观能力也是美国高校图书馆专业馆员职业能力的重要组成部分，专业馆员的主观能力是其在工作、学习过程中不断实践、逐步提升的积累，尤其是与其他人沟通交流的能力、创造性工作的能力、学习新技术与新知识的能力，是专业馆员在绝大多数职位工作都需要具备的能力。

　　同时，我们也可以对美国高校图书馆专业馆员职业能力所呈现的特点归纳如下：①美国高校图书馆根据职位的类别与具体职责，有针对性地要求专业馆员的职业能力。例如，对于图书馆馆长、部门主管等倾向于行政或管理类的职位，在专业馆员的能力方面，侧重于要求领导能力、创新性工作能力、组织能力等；对于技术服务馆员、系统馆员等技术性要求较高的职位，则侧重于要求职位知识与技能。②不同高校图书馆设置的名称相同的职位，具体的职业能力要求略有不同，这与各自图书馆设置的职位职责、对于职位人员的期待有关。例如，俄克拉荷马大学图书馆[31]、中佛罗里达大学图书馆[32]、州长州立大学图书馆[33]都发布了招聘科学馆员的信息，三个图书馆在专业馆员的经验、知识与技能、能力的要求不尽相同。③美国高校图书馆专业馆员的职业能力契合图书馆新业态环境的发展。例如，随着新兴技术工具在人文科学、社会科学的应用，以及数字人文、数字学术的发展，美国高校图书馆也要求相应职位的专业馆员具有契合此发展环境的职业能力。例如，塔夫茨大学图书馆要求艺术与人文团队负责人具有使用与艺术和人文学科相关的图书馆研究工具的经验[14]；俄克拉荷马州立大学图书馆要求数字学术未来学家：具有 3 年以上使用和应用数字学术工具或研究工具和方法的专业经验[34]。

4.5 对我国高校图书馆专业馆员职业能力发展的启示

4.5.1 高校图情院系加强职业能力教育

美国高校图书馆的绝大多数职位要求专业馆员接受过图情专业教育，而且，从美国高校图情机构的教育实践来看，美国有 49 所图情学院开设的专业课程强调培养学员的技能，其中最重要的是馆藏建设管理、图书馆管理、数字馆藏、数据库、元数据等方面的技能[35]。美国的图情技能教育为专业馆员职业能力发展奠定了基础。因此，中国高校图情院系应加强学生的职业能力教育。首先，教育部应倡导高校图情院系将技能教育纳入图情专业教育体系，并由高校图工委等权威机构，组织相关的高校图情院系专家，根据高校图书馆专业馆员职业能力发展的需要，研究制定科学的适合本科生、硕士生、博士生等不同群体的职业能力培养计划，明确所教授的课程及内容，编写课程教材，切实使图情专业学生在校期间获得必要的职业能力。其次，我国高校图情院系也应根据技能教育的需要，调整现行教学方案，在高校图工委的指导下，制订适合本校学生群体的教学计划。最后，高校图情院系也可以适当增加本科生到高校图书馆进行岗位实习的时间，增加研究生到高校图书馆岗位实习的环节，使图情专业学生能够在接受技能教育的同时，在岗位实习中强化技能。

4.5.2 高校图书馆制定专业馆员的职业能力要求

美国高校图书馆在进行专业馆员招聘时，明确说明了应具有的职业能力，这不仅是对专业馆员的资格说明，也反映了美国高校图书馆对具体职位人员职业能力的认识。鉴于此，中国高校图书馆也应制定专业馆员的职业能力要求。明确的职业能力要求，不仅是招聘新馆员的参考标准，更是高校图书馆在岗馆员不断提升职业能力的标准。首先，高校图书馆应明确本馆各个岗位的工作职责，根据岗位的工作职责制定具体的职业能力要求。其次，高校图书馆制定专业馆员职业能力要求，应符合我国高校图书馆专业馆员知识与技能的总体情况，具有可操作性。高校图书馆可以参照美国专业图书馆协会制定的能力标准，以及美国高校图书馆对于具体职位人员的职业能力要求，再根据本馆的具体情况进行取舍。再次，高校图书馆制定专业馆员能力标准，应符合图书馆业态环境，以及图书馆服务发展趋势的要求，使专业馆员的职业能力能够胜任现在的工作，并能进一步扩展工作。最后，高校图书馆在制定专业馆员职业能力要求时，应注重个人主观能力方面的要求，专业馆员的主观能力是较好地完成工作的潜在因素。例如，制定适应新环境变化的能力、不断学习图情领域新知识的能力、沟通能力与合作能力方面的等具体要求。

4.5.3　高校图书馆重视专业馆员的图情专业继续教育

目前，我国高校图书馆都比较青睐于招聘不同学科的人员，形成了多学科的人员结构，然而，非图情专业的馆员往往缺乏图情专业知识，职业能力发展不均衡，在一定程度上影响了服务能力的提升。而美国高校图书馆拥有较多图情专业硕士，接受过专业的图情教育，能在专业岗位上充分发挥才智。因此，我国高校图书馆应重视专业馆员的图情专业继续教育。而且，《普通高等学校图书馆规程》要求："高等学校应将图书馆专业馆员培养纳入学校的人才培养计划，重视培养高层次的专家和学术带头人。鼓励图书馆工作人员通过在职学习和进修，提高知识水平和业务技能。"[1]这也为高校图书馆专业馆员的图情专业继续教育提供了契机。首先，高校图书馆应向学校申请，征得学校对于专业馆员参加图情专业继续教育的同意，这是专业馆员获得教育经费支持、时间支持的保障。其次，高校图书馆应结合本馆岗位设置情况，非图情专业馆员岗位分布情况，以及非图情专业馆员整体的职业能力现状，制定开展专业馆员图情专业继续教育的规划[36]。最后，在专业馆员接受图情专业继续教育的形式方面，可以采取攻读图情专业高级学位与参加短期的图情专业培训相结合的形式。攻读图情专业高级学位能够使馆员接受系统全方位的教育，但是由于经费限制、工作任务、馆员个人时间安排等方面的现实情况，不是每个馆员都有这样的机会。而参加短期的专业培训，可以根据馆员职业能力的缺失情况，有针对性的选派人员，而且学习时间较短，对工作没有什么影响。例如，南开大学图书馆学专家徐建华教授已经连续举办了七次图书馆学实证研究培训，徐教授坚持免费办培训的原则，为馆员提供了很好的学习机会，参加培训的馆员纷纷表示受益匪浅。高校图书馆可以多多关注类似的培训，为馆员参加类似的图情专业短期培训提供机会。

4.5.4 高校图书馆专业馆员积极主动地提升职业能力

美国高校图书馆的聘用制度，使得专业馆员往往拥有再次选择工作单位、职位的机会，这种工作的流动性，对专业馆员提升职业能力也是一种推动。而目前，中国高校的人事制度，使得绝大多数高校图书馆员都是在一个图书馆工作，直到退休。很多高校图书馆员在多种因素的影响下，往往缺乏提升自身职业能力的意识与动力。高校图书馆专业馆员职业能力的提升，不仅需要高校图情院系的教育、高校图书馆的制度保障，更需要专业馆员积极主动地提升职业能力。首先，高校图书馆专业馆员应意识到，提高自身职业能力是个人职业不断发展的必要条件，需要个人的主观努力。个人职业发展与图书馆的发展互相影响，每个专业馆员良好的职业发展，会促进图书馆的发展，图书馆的发展又会为专业馆员的职业发展提供机会。其次，高校图书馆专业馆员应在做好本职工作的前提下，不断学习岗位所需知识，了解图情领域发展趋势，强化个人能力。专业馆员可以主动向有经验的馆内外馆员学习，虚心学习他人的经验。最后，高校图书馆专业馆员应结合自身的岗位职责需要，在个人可以赴馆外机构接受继续教育的前提下，积极向馆领导争取参加图情专业继续教育的机会。专业馆员一旦获得了此类机会，应努力学习，并将所学知识灵活应用到岗位工作中，不断创新工作。同时，一旦获得来之不易的攻读高级学位的机会，就应该抱有长期在馆积极工作的态度，用自己的行动报答单位给予的学习机会。

4.6 结　　语

由于中国提出专业馆员术语的时间不长，我国尚无特定组织对高校图书馆专业馆员的职业能力提出标准。高校图情院系、高校图书馆都应意识到专业馆员职业能力对于提升服务能力的影响，积极研究高校图书馆专业馆员所需的职业能力，并不断探索提升专业馆员职业能力的方式与途径。本章提出的高校图情院系、高校图书馆、高校图书馆专业馆员三方共同致力于提升专业馆员职业能力的建议，是综合考虑了图情专业教育影响、高校图书馆的上层保证，以及高校图书馆专业馆员个人的努力等三方面的因素提出的，旨在为促进高校图书馆专业馆员职业能力发展提供参考。我国高校图书馆发展不平衡，各馆宜进一步结合本馆情况，提出更加具有针对性的专业馆员职业能力提升策略。

参考文献

［1］教育部关于印发《普通高等学校图书馆规程》的通知［EB/OL］.［2017 - 07 - 10］. http：//www. moe. gov. cn/srcsite/A08/moe _ 736/s3886/201601/t20160120 _ 228487. html.

［2］王启云. 国内外图书馆职业能力研究进展与启示［J］. 大学图书馆学报，2016（3）：23 - 29.

［3］盛小平，陶倩. 美国 7 个图书馆员职业能力标准的比较分析［J］. 图书情报工作，2016（24）：14 - 19.

［4］叶兰. 国外图书馆数据监护岗位的设置与需求分析［J］. 大学图书馆学报，2013（5）：5 - 12.

［5］孟祥保，钱鹏. 国外高校图书馆数据馆员岗位设置与管理机制［J］. 图书与情报，2013（4）：12 - 17.

［6］朱育晓，任光凌. 美国大学图书馆学术交流馆员岗位设置探讨［J］. 图书馆论坛，2014（9）：94 - 97，93.

［7］于良芝，李晓新，朱凡. 发达国家公共图书馆可持续发展策略分析［J］. 情报资

料工作，2003（6）：65－68.

[8] ALA. JobLIST [EB/OL]. [2017－07－10]. http：//joblist. ala. org/jobseeker/ search/.

[9] University of Virginia Tech. Director of Strategic Communications, University Libraries [EB/OL]. [2017－07－10]. https：//listings. jobs. vt. edu/postings/77897.

[10] University of Virginia. Job Details [EB/OL]. [2017－07－10]. https：// jobs. virginia. edu/applicants/jsp/shared/frameset/Frameset. jsp? time＝1501557108349.

[11] North Carolina State University. Web and Database Development Librarian [EB/OL]. [2017－07－10]. https：//www. lib. ncsu. edu/jobs/EHRA/nc－live－wddl.

[12] University of California, Berkeley Library. Academic Specialist [EB/OL]. [2017－ 07－10]. https：//las. lib. berkeley. edu/lhrd/jobs/academic－jobs/academic－spe-cialist－recent－us－history.

[13] Arizona State University Library. Head, Distinctive Collections [EB/OL]. [2017－ 07－12]. https：//lib. asu. edu/employment/distinctive－collections－head.

[14] Tufts University. Job Description [EB/OL]. [2017－07－12]. http：// tufts. taleo. net/careersection/jobdetail. ftl? job＝17001450&lang＝en.

[15] The University of Central Oklahoma. Library Web Developer [EB/OL]. [2017－07－ 12]. https：//careers－uco. icims. com/jobs/4163/library－web－developer－ii－－－ chambers－library－admin/job.

[16] Texas Tech University. Job details [EB/OL]. [2017－07－23]. https：// sjobs. brassring. com/tgwebhost/jobdetails. aspx? jobId＝354833&PartnerId＝25898& SiteId＝5281&type＝mail&JobReqLang＝1&recordstart＝1&JobSiteId＝5281&Job SiteInfo＝354833_5281&gqid＝1957.

[17] Brigham Young University. Job Description [EB/OL]. [2017－07－23]. https：// hrms. byu. edu/psc/ps/PUBLIC/HRMS/c/HRS_HRAM. HRS_APP_SCHJOB. GBL? Page＝HRS_APP_JBPST&Action＝U&FOCUS＝Employee&SiteId＝70&JobOpeningId＝ 64683&PostingSeq＝1.

[18] Pennsylvania State University Libraries. Librarian for Political Science, Policy Studies and Government Information [EB/OL]. [2017－07－23]. https：//librar-ies. psu. edu/policylibr.

[19] Temple University Libraries. Head－Cataloging Services and Metadata Strategy [EB/ OL]. [2017－07－25]. https：//library. temple. edu/about/admin/hr/head－cata-

loging – services – and.

[20] University of Southern California. Head, Philosophy Library and Humanities Librarian [EB/OL]. [2017 – 07 – 25]. https://usccareers.usc.edu/job/los – angeles/head – philosophy – library – and – humanities – librarian/1209/5003492.

[21] University of North Carolina at Charlotte. Humanities Librarian [EB/OL]. [2017 – 07 – 25]. https://jobs.uncc.edu/postings/16926.

[22] Emory University. Associate Law Librarian, Research Services [EB/OL]. [2017 – 07 – 25]. https://sjobs.brassring.com/TGnewUI/Search/Home/Home? partnerid = 25066&siteid = 5043#jobDetails = 619261.

[23] Arizona State University Library. STEM Division Head for Engagement and Outreach [EB/OL]. [2017 – 07 – 25]. https://lib.asu.edu/employment/stem – division – head.

[24] Indiana University Libraries. Job Postings – Librarians [EB/OL]. [2017 – 07 – 26]. https://libraries.indiana.edu/job – postings – librarians#ART.

[25] Emory University. Head of Library Conservation [EB/OL]. [2017 – 07 – 26]. https://sjobs.brassring.com/TGnewUI/Search/Home/Home? partnerid = 25066&siteid = 5043#jobDetails = 622648.

[26] Metronet. Biosciences Liaison Librarian and Scientific Data Curator – University of Minnesota [EB/OL]. [2017 – 07 – 26]. http://www.metronet.lib.mn.us/biosciences – liaison – librarian – and – scientific – data – curator – university – of – minnesota – twin – cities/.

[27] University of Houston Libraries. English Librarian [EB/OL]. [2017 – 07 – 26]. http://info.lib.uh.edu/english – librarian.

[28] California State University, Los Angeles. University Library Position: Education Librarian [EB/OL]. [2017 – 07 – 27]. http://edit.calstatela.edu/2018/university – library/lib – ttf2.

[29] ALA Connect. Director of Library Services, Tallahassee Community College [EB/OL]. [2017 – 07 – 27]. http://connect.ala.org/node/268532.

[30] University of San Diego. Access Services and Outreach Librarian [EB/OL]. [2017 – 07 – 27]. https://usdebsprod.sandiego.edu/OA_HTML/OA.jsp? page =/oracle/apps/irc/candidateSelfService/webui/VisVacDispPG&OAHP = IRC_EXT_SITE_VISITOR_APPL&OASF = IRC_VIS_VAC_DISPLAY&akRegionApplicationId = 821&trans action-

id = 1649409435&retainAM = N&addBreadCrumb = RP&p _ svid = 24199&p _ spid = 1169591&oapc = 7&oas = VxoPWb28QNHWcKujdGYaTQ.

[31] University of Oklahoma. Science Librarian ［EB/OL］. ［2017 – 07 – 28］. https：// intranet. libraries. ou. edu/docs/documents/U% 20of% 20OK% 20science% 20librarian. pdf.

[32] University of Central Florida. Position Information ［EB/OL］. ［2017 – 07 – 28］. https：//www. jobswithucf. com/postings/50118.

[33] Consortium of Academic and Research Libraries in Illinois. Science Librarian ［EB/ OL］. ［2017 – 07 – 28］. https：//blog. carli. illinois. edu/node/3970.

[34] Oklahoma State University Library. Position Details ［EB/OL］. ［2017 – 07 – 28］. https：//okstate. csod. com/ats/careersite/JobDetails. aspx? id = 3460.

[35] 盛小平. 国外图书馆职业能力研究综述 ［J］. 图书情报工作，2016 （24）： 6 – 13.

[36] 鄂丽君，王启云. 高校图书馆专业馆员职业能力认识与需求调查研究 ［J］. 图书 与情报，2016 （5）：97 – 104.

5 岗位设置视角下的高校图书馆专业馆员职业能力研究

5.1 引　言

岗位是组织管理的基石，也是图书馆的基本单位。科学合理的岗位设置对图书馆的运行效率和服务效能有直接的影响。"十二五"期间，国家对公共文化服务体系的投入不断加大，图书馆事业进入全新的繁荣发展期。教育部 2015 年颁布的《普通高等学校图书馆规程》首次正式提出专业馆员的概念，并把图书馆馆员分为"专业馆员和辅助馆员"，同时也开宗明义地指出"专业馆员的数量应不低于馆员总数的 50%"，并"将专业馆员的培养纳入高校人才培养计划"[1]。"专业馆员"的提出对我国高校图书馆（以下简称高校馆）馆员专业化发展与转型具有重要的战略意义[2]。《普通高等学校图书馆规程》中的"专业馆员"概念相对笼统、模糊，对于专业馆员如何界定没有明确的规定[3]，本研究中涉及的"专业馆员"是指具有研究生及以上层次学历或高级专业技术职务，经过图情专业教育或培训，并能胜任图书馆文献资源建设、编目、信息服务、学科服务、数字图书馆建设及信息素养教育等专业工作的图书馆职业工作者。专业馆员的职业能力，是指专业馆员在开展相关工作时应具备的专业、学科方面的知识及运用相关技术的能力[4]，是以资源规模聚类与序化管理、知识服务提供为基本特征，是专业馆员开展工作的"软实力"，已经成为业界共同关注的热点话题。逆水行舟，不进则退，新业态的催生和发展迫使图书馆必须分析现状、找准定位，抓住业界变革带来的发展机遇，通过创新服务增强自身实力。本章从岗位设置视角，对高校图书馆专业馆员职业能力进行调查与分析，以期归纳总结出专业馆员的职业能力指标体系，为进一步构建专业馆员职业能力模型，提升专业馆员职业能力和素养，促进图书馆服务创新与转型提供参考和借鉴。

5.2　调查对象的选取

本章采取网络调查的方法，考察了大量高校图书馆网站有关机构设置及岗位职责内容，综合参考《教育部高等学校图书馆事实数据库系统》中的人力资源数据[5]、2017 年中国校友会大学排名[6]，并考虑了高校的地域分布情况，选取了北京大学、清华大学、武汉大学、上海交通大学、南京大学、中国人民大学、中山大学、西安交通大学、东南大学、重庆大学、西南交通大学和江苏大学 12 所高校图书馆作为调查对象，其馆员基础信息见表 5 - 1。

表 5 - 1　12 所高校图书馆馆员基础信息统计表

学校	学校排名	职工人数（人）	副高及以上职称数/比例（%）	硕士及以上学历数/比例（%）	40 岁及以上馆员人数/比例（%）
北京大学	1	157	67/42.7	87/55.4	105/66.9
清华大学	2	124	52/41.9	68/54.8	100/80.6
武汉大学	3	275	69/25.1	99/36	220/80
上海交通大学	6	212	38/17.9	90/42.5	106/50
南京大学	7	133	22/17.9	58/43.6	72/54.1
中国人民大学	8	125	22/17.6	50/40	97/77.6
中山大学	12	267	24/9	100/37.5	131/48.3
西安交通大学	16	140	40/28.6	41/29.2	119/85
东南大学	22	126	18/14.3	60/47.6	84/66.7
重庆大学	31	123	17/13.8	35/28.4	88/71.5
西南交通大学	41	101	24/23.8	37/36.6	106/64.3
江苏大学	110	113	21/18.6	39/34.5	86/76.1

由表 5 - 1 可见，12 所被调查的高校中，包括了 6 所 2017 年大学排名

前十的学校，10 所"985"高校图书馆和 2 所"211"高校图书馆；地域上含盖了北京、上海、重庆、江苏、广东、陕西等区域。在高级职称方面，副高及以上职称超过 40% 的有 2 所，1 所低于 10%，9 所均分布在 10% ~ 30%；关于硕士及以上学位所占比例方面，有 10 所超过 1/3，北京大学和清华大学甚至超过了 50% 以上，专业馆员数量超过了《普通高等学校图书馆规程》中"不低于 50%"这一宏观指导。我们认为，选取上述 12 所高校图书馆作为研究对象，具有一定的典型性与代表性。

5.3　调查结果分析与讨论

5.3.1　高校图书馆岗位设置、职责及业务范围

笔者通过浏览 12 所高校图书馆主页上的"机构设置（组织设置）""基本概况""部门职责""机构设置""图书馆服务""部门介绍"等与图书馆岗位设置工作相关的网页，归纳总结各馆岗位职责及相应的职业能力要求等内容，并对调查的内容进行梳理和分析，同时结合电话、微信和 QQ 等即时通信工具进行个别访谈，考察新业态环境下高校图书馆的专业馆员岗位设置、职责及业务范围。调查时间为 2017 年 9 月 20—28 日，因篇幅限制，笔者选择 6 所图书馆进行汇总分析，见表 5 - 2（以 2017 年中国校友会大学排名为序）。

表 5 - 2　部分高校图书馆专业技术岗位职责和业务范围

单位	机构设置	职责及业务范围
北京大学	资源建设中心	采集文献，管理电子资源，受理书刊交换受赠事务，资源组织、揭示、目录维护，编目与数据清理，学术研究
	研究支持中心	资源整合、信息素养教育、科研决策支持、数据服务、信息服务、学科服务、科技查新、专利查新
	学习支持中心	信息检索、信息服务、参考咨询、数字化服务、读书讲座、社交媒体运营维护与发布，借还服务、阅览室管理

续表

单位	机构设置	职责及业务范围
北京大学	古籍图书馆	古籍、舆图、拓片的编目、典藏、阅览、修复、研究与开发工作
	信息化与数据中心	数字图书馆项目、平台和标准技术的规划、组织、实施，信息化设施、门户网站、镜像站点管理、维护及应用开发，数字化加工与发布服务，学术研究
清华大学	资源建设部	文献采集，馆藏目录管理，验收文献，新书展览，书刊交换，纸质学位论文的接收与核对，文献资源相关资产和业务统计，图书财产账、采购账的编制与管理
	编目部	文献的分类、著录、主题标引、加工、典藏及新书报导，图书、期刊编目，书目回溯建库工作，学术研究
	特藏部	文献捐赠、接收，非书资料的收集、整理、研发，清华文库、名人专架、纸本学位论文、保钓资料、地方志以及各种特色资源库的建设、服务、宣传研究
	流通阅览部	借还服务、馆藏管理、用户导读、咨询、服务费用结算及读者数据库的管理维护
	信息参考部	参考咨询、读者培训、学分课程教学、新生入学教育，多媒体及电子资源阅览咨询、电子资源建设，信息服务，学科馆员服务，科研参与与学术研究
	系统部	网络设备、管理系统运行维护与管理，图书馆主页、手机图书馆系统平台建设和技术支持，数字图书馆系统平台的研究与开发，办公计算机的安装和维修
	数字化部	数字图书馆建设项目的规划、组织、实施、数字图书馆合作项目的联络协调和实施，数字资源的制作和管理，信息组织和管理，学术研究
	科技史与古文献研究所	古籍编目（手工和机编）、修复、字画装裱、书库阅览管理、整理技，计算机及数据库研发，学术研究
武汉大学	采访部	纸质书刊、电子资源、声像资源文献采购，文献资源赠送与交换，CALIS华中地区资源建设与协调，馆办刊物编辑发行
	资源组织部	文献资源组织与加工、回溯建库、书目质量控制及管理、专题数据库组织与建设
	系统部	数字化系统管理、硬件采购与维护、网络建设与规划、数字图书馆研究与开发、非书资料的收集加工

续表

单位	机构设置	职责及业务范围
武汉大学	信息服务部	文献流通，新书宣传导读，书库管理，馆藏管理，声像资料采访阅览，论文收录引用检索，参考咨询，教学、数据库管理与培训，宣传推广，主页的制作与更新
	学科服务部	推荐、订购文献资源、制定采集方案和标准，了解对口学院科研动态，资源推介，科技查新和定题服务，信息素养教育，专题数据库建设，学科文献分析与评价
	阅览流通部	流通借阅、文献传递与馆际互借、文献验收及入库、文献检索、参考咨询、业务员统计与归档
	古籍部	古籍验收分配、馆舍及古籍保护、古籍开发及数字化建设、古籍导读及宣传、古籍修补
南京大学	采访部	馆藏发展规划，文献资源采集、整理和分配，读者需求与馆藏利用分析，文献交换与赠送，馆藏剔除
	编目部	文献标引、编目、校对及提交，典藏加工、分配及调拨，回溯建库
	科技查新站	科技查新、信息咨询
	多媒体及流通阅览室	借还服务、馆藏管理、用户导读、解答咨询、读者服务费用结算及读者数据库的管理维护
	数字图书馆建设部	图书馆自动化系统运行与数据管理，硬件、机房设备、网络设施管理，网站建设规划，珍贵特藏、古籍、本校硕博士论文和南大文库的馆藏数字化建设
西安交通大学	采访中心	收集书目、书评和新书报道刊物，采购中外文献、数据库及非印刷文献资源，交换文献，制定采购原则、标准和经费预算计划，验收各类文献资源，简编套录
	编目中心	文献标引、著录、加工，书目质量控制，书目数据库建设和维护，全国联机编目工作的计划、指导、培训，编目数据库维护下载，回溯建库，学术研究
	流通阅览部	读者数据库建立、维护及管理，流通子系统的使用，馆际互借、文献流通，图书宣传、咨询，读者数据研究，调拨、剔旧工作，古籍整理和开放，工具书阅览
	期刊部	期刊流通、管理，报刊宣传及编制目录、索引，读者导读及咨询，利用统计

续表

单位	机构设置	职责及业务范围
西安交通大学	信息咨询部	信息咨询、科技查新、文献传递、信息服务、文献检索课教学、数据库宣传与培训、图书情报理论和技术研究
	网络与信息技术中心	图书馆服务系统、网络设备管理与维护、主页的建设与维护、馆员计算机培训，应用软件系统开发、研制和应用，理论研究和技术开发
东南大学	采编部	规划实施馆藏资源建设、信息资源采购、文献验收和数据统计，期刊博硕士论文加工和编目，图书典藏，文献交换赠送，书目数据建设和维护，学术研究
	系统与数字化建设部	规划和实施图书馆数字化建设、图书馆管理系统、主页、网络、服务器、存储设备、访问平台及各种服务终端的运行和维护，多媒体资源库建设和揭示、业务管理系统的开发维护，新技术跟踪和开发，数字化校园建设
	各校区流通服务部	阅览室开发、文献导读、借阅数据统计分析、新生入馆、信息素养、学科资源推广等用户培训，图工委工作，定题服务、代检代查、查收查引、文献传递等参考咨询服务
	科技查新站	科技查新及各类材料登记、归档，工作站年鉴及报告工作
	情报科学技术研究所	研究所的招生、教学及培养，信息检索课组织和教学，制定馆内业务学习和培训计划，指导科研课题申报，图书馆文化建设、宣传推广等组织策划，新项目、新技术应用的调研、评估及推广策划

5.3.2 高校图书馆岗位设置分析

5.3.2.1 岗位设置模式

由表5-2可知，我国高校图书馆有两种典型的岗位设置模式：传统的垂直型组织架构和服务型组织架构模式。第一，垂直型组织架构模式，即按照业务范围及文献的加工流程进行岗位设置，执行文献的选择、采集、加工、整理、存储和提供利用等职能，有采访部、编目部、流通部（或分开设置阅览部或外借部）、参考咨询部、典藏部、特藏部、学科服务部和信息技术部。该模式在传统"六部一室"基础上，根据各馆的实际情况增加或合并部分业务相似的机构进行设置的，是典型的线性业务模式[7]。该设置模式代表馆是清华大学图书馆，该馆采用的组织架构比较合理，岗位职责详细明了，不仅明确"干什么"，还指明"怎么干"，同时岗位职责中也增加了业务规范的内容。第二，服务型组织架构模式，代表馆是北京大学图书馆、上海交通大学图书馆。即按照服务类别设置5～6个大部，每个大部下面再根据具体项目设工作组，对于跨学科、全局性的服务工作，采用组建工作组的方式灵活展开，使得整个图书馆能够迅速响应用户需求，高质量的提高那个学科服务，是典型的团队式扁平结构。

5.3.2.2　岗位设置数量

根据调查的12所高校图书馆，岗位数量在6个以下的有1所，约占所调查高校的8%，2～6个的有3所，约占所调查高校的25%，高于6个的共有8所，比例高达67%，岗位设置最多的是中国人民大学，共设置了办公室、总务与规划部、采编部、借阅部、报刊阅览部、多媒体信息部、咨询部、文库工作部、古籍特藏部、系统部、技术服务部、藏书馆服务部12个岗位。由此可见图书馆由于业务分工细化越来越倾向于设置较多的部门。这也许与笔者调查的图书馆都属于国内较有代表性的大型图书馆，其人员、资源以及读者数量都较多有很大的关系。

5.3.2.3　专业馆员岗位职责和职业能力

由表5-2可知，高校图书馆根据岗位工作性质、业务范围和所需资格条件对岗位进行分门别类，形成了具体的岗位类型，并清楚的显示出涉及专业馆员岗位类型为：资源建设、编目、特藏（古籍）、读者服务、学科服务（参考咨询）和信息技术，同时注重对图书馆岗位职责的制定和详细的业务范围描述。根据调查结果归纳出上述岗位专业馆员所需的职业能力基本情况见表5-3。

表5-3　我国高校图书馆专业馆员能力构成情况

岗位类别	能力要素	具体要求
资源建设	职业素养、学科专业知识、学术研究、领导规划、评估、计划、组织管理、馆藏建设	跟踪科研和读者对文献的需求和利用、搜集出版发行信息，制定资源建设计划和原则，馆藏规划与管理，评估和调整文献资源，编制文献资源预算，文献资源建设相关理论、技术、方法的研究能力
编目	职业素养、学科专业知识、学术研究、领导规划、评估、计划、组织管理、馆藏数据管理	文献资源的分类、著录、主题标引及典藏，文献编目，回溯建库，馆藏管理，文献资源组织相关理论、技术及方法的研究能力
特藏（古籍）	职业素养、人际沟通与表达、学科专业知识、用户服务、学术研究、领导规划、评估、计划、组织管理、馆藏资源管理、数据/知识管理、教学或演讲、信息服务、营销推广	特藏文献（古籍）收集、整理、研究，挖掘价值、宣传推介和展示，为用户提供专业化服务，古籍的修补、保护等能力
读者服务	职业素养、人际沟通与表达、用户服务、团队合作、创新能力、信息服务、营销推广	文献的流通、宣传、利用和导读，文献传递和文献传递，读者咨询，读者服务的宣传推广
学科服务（参考咨询）	职业素养、人际沟通与表达、学科专业知识、用户服务、团队合作、创新能力、学术研究、领导规划、评估、计划、组织管理、信息资源或技术管理、馆藏数据管理、数据或知识管理、教学/演讲、信息服务、营销推广	各种形式的参考咨询，信息素养教育，电子资源建设、咨询和宣传推广，与院系联系与沟通，提供学科知识服务，科技查新、科研评价和人才评估，文献计量、情报分析和专利分析，学术研究能力
信息技术	职业素养、领导规划、评估、组织管理、信息技术管理、项目或计划管理	网络设施和存储设备的建设、运行维护，图书馆自动化管理系统的维护与管理、图书馆主页技术支持，硬件安装和维护，数字图书馆项目规划、组织、实施，合作项目的协调管理和数字资源的制作管理能力

5.3.3　我国高校图书馆专业馆员职业能力指标体系构建

国际上比较有名的有"欧盟数字能力框架"，该能力框架列出数字能力涉及知识、技能、态度三个方面，包括信息域、交流域、内容创建域、安全意识域和问题解决域5大领域素养[8]。笔者借鉴该能力框架，根据表5-1~表5-3，并结合电话、微信和QQ等即时通信工具的个别访谈等途径，总结归纳出专业馆员职业能力的核心要素总共有3类18个要素：职业素养、人际沟通与语言表达、学科专业知识、学术研究、领导与组织能力、评估能力、组织管理、信息资源管理、信息技术管理、项目与计划管理、数据或知识管理、教学能力、信息服务、宣传推广。最终制定出了我国高校图书馆专业馆员的能力指标体系，指标体系见表5-4。

表5-4　我国高校图书馆专业馆员能力指标体系

能力要素		岗位分类					
		资源建设部	编目部	特藏或古籍部	读者服务部	学科服务或参考咨询部	信息或系统部
基础能力	职业素养	√	√	√	√	√	√
	人际沟通与语言表达			√	√	√	
	学科专业知识	√	√	√		√	
	用户服务			√	√	√	
	团队合作				√	√	
	创新能力				√	√	
	学术研究	√	√	√		√	
管理能力	领导与规划	√	√		√	√	√
	评估能力	√	√			√	√
	组织管理	√	√			√	√
	信息资源管理					√	
	信息技术管理					√	
	项目或计划管理	√	√	√		√	
	馆藏资源管理	√		√		√	
	数据或知识管理		√	√		√	
服务能力	教学/演讲			√		√	
	信息服务			√	√	√	
	宣传推广			√	√	√	

由表5-4可以看出，除了各个岗位馆员所必备的"职业素养"能力

外，"职业素养""人际沟通与表达""学科专业知识""用户服务""学术研究""领导组织能力""组织管理能力""项目或计划管理""知识管理""信息服务"及"宣传推广能力"均在 3 个以上的岗位里出现。由此说明，图书馆特别重视上述职业能力。尤其是"职业素养"能力，在上述所有岗位均所涉及，足以说明其重要性，进一步说明"职业素养"是馆员从业所必备的职业品质和职业意识，包括工作态度、价值理念，品德修养和道德观，要求做到尊重文化价值观的多样性和差异性，避免种族、性别、残疾等歧视，践行职业承诺，保守用户秘密；"人际沟通与语言表达"和"宣传推广能力"要求馆员能够向通过多种途径向用户宣传、推介图书馆的用户策略、馆藏资源和服务，制订教学和营销计划，开展用户培训、信息素养教育及图书馆宣传展览等工作；"学科专业知识"主要包括学科理论、知识经验、业务评价等[9]；"用户服务能力"要求馆员能够制作书目、书评、展览、导读辅导、资源简介等专门工具指导和帮助用户使用图书馆实体和电子资源，提高图书馆信息资源的利用率[10]。图书馆业务逐渐从传统转向阅读推广、知识服务、数据管理及智库服务为核心的新型业务后，情报的分析和挖掘、营销推广、数据管理、智库以及数字人文等新型职业能力越来越受到业界的关注与重视。2015 年圣何塞州立大学也分析图情领域 400 多个招聘职位发现："熟悉技术和技术支持、聚焦用户体验、关注数字人文和数字学术、知识管理"等新兴馆员职业能力受到到了业界的普遍关注[11]。而"领导与规划""组织管理""项目或计划管理"至少在 5 个及以上岗位里所涉及，说明这三项能力已经成为当前业态环境下图书馆专业馆员普遍应具备的关键和核心能力，要求专业馆员需具有实施预算管理、项目以及财务管理能力、准确识别、评估和把握用户需求制定相应的服务政策，为用户提高所需的知识和技能，同时还能够制定图书馆及个人短期和长期的战略发展规划。而"团队合作""创新能力""信息资源管理""信息技术管理""馆藏资源管理""教学或演讲能力"只在 2 个或以下岗位里出现，也体现出个别岗位的专业馆员在职业能力要求上的独特性和专门性。同时我们也可以看出"学科服务或参考咨询部"专业馆员需要同时具备上述 3 类 18 项职业能力，也印证了学科馆员是全图书馆最核心、最重要的人力资源，是最具有领导决策能力的团队，其他所有团队应该为其保驾护航[12]。

5.4　思考与建议

5.4.1　与时俱进，加快制定图书馆专业馆员职业能力指导性文件

国外各类型图书馆制定出台了许多图书馆员职业能力的指导性文件。如美国咨询与用户服务的《咨询与用户服务图书馆员职业能力》[13]、美国大学与研究图书馆协会的《教育图书馆员与协调员职业能力标准》[14]、美国法律图书馆协会的《法律图书馆员能力》[15]、加拿大研究图书馆协会的《21世纪图书馆员核心能力》[16]、美国专业图书馆协会制定的《21世纪信息专业人员能力》[17]等对咨询馆员、教育与协调图书馆员、法律图书馆员等提出了能力要求。但《普通高等学校图书馆规程》仅仅提及了专业馆员和辅助馆员的相关概念，并对概念做了简单的解析，没有对具体的认定条件做出界定，也没有给出具体的分类岗位设置参考意见，即没有说明图书馆哪些岗位应该安排专业馆员，哪些岗位可以安排辅助馆员。国外图书馆在进行馆员聘任时，有明确的任职资格能力要求[18]。我国虽然绝大多数图书馆均制定了岗位职责，但没有列出详细的专业馆员职业能力要求。另外，制定的职业能力要求要具有可操作性，应该符合我国目前高校图书馆专业馆员的知识技能和能力要求。在制定专业馆员的职业能力时，还应该全面详尽地把握和定位新业态环境下用户的新需求，能力与需求相适应，才能互促互进，良性互动发展。

5.4.2　循序渐进，重视专业馆员知识更新，提升核心职业能力

馆员职业能力的提升是建立在对其职业价值、职业道德和职业技能认同和尊重的基础之上的。《普通高等学校图书馆规程》要求："应该将专业馆员培养纳入到人才培养计划，鼓励馆员通过在职研修提高专业水平和职

业技能"[1]。图书馆领导应该密切关注馆员继续教育信息，主动提供经费，有针对性地选派专业馆员通过各种途径和平台进行培训学习[11]，进一步提升专业馆员职业能力，并根据馆员自身特质匹配适合他们的工作，协助馆员制定职业生涯规划。具体可以从以下三种途径进行：第一，在职攻读硕士或者博士学位，进一步提高专业馆员学历结构；第二，各级图书馆机构组织短期培训班，如学科馆员、科技查新员、阅读推广、编目员、馆际互借员等的业务培训班；第三，学术会议，鼓励专业馆员参加各类型学术会议，提交论文并积极与同行进行理论和实践的交流，了解最新的知识、技能和相关理念[19]，提升自身职业能力。图书馆应该以动态发展的眼光循序渐进培养专业馆员的职业能力，同时，有关方面应该高度重视专业馆员职称、职务晋升及馆员的个人职业规划，创造积极向上的工作环境和以人为本的文化氛围，提升专业馆员工作的积极性和主动性，进一步激发其创新能力，使得专业馆员越来越专业，进一步提升图书馆工作效率及在学校的地位和口碑[20]。

5.4.3　知难而进，培养专业馆员的领导和决策能力

培养专业馆员的领导和决策能力是目前我国高校人力资源改革的必然选择，是实现图书馆可持续发展的主要支点[21]。专业馆员的领导和决策能力不同于馆长的领导力，是新业态环境下实现图书馆可持续发展专业馆员所必备的专业能力。专业馆员是图书馆各项改革和创新活动的主要参与者，如果专业馆员缺乏必要的领导、号召和规划能力，图书馆的发展将故步自封，无从谈起，馆长的领导力也将进一步弱化。在台湾举办的图书馆领导艺术研习班，参加对象除了图书馆当前或外来的领导外，还邀请了参考咨询、学科服务等相关团队的领导者和馆员参加。怀俄明州图书馆协会举办的馆员领导力研修班的口号是"人人领导，人人学习"[22]。目前在国内类似的培训研讨会举办的相对较少，Elsevier 公司两年一次的 Library Connect 有类似的功能，但是受众范围非常窄。我国图书馆相关的管理机构应该向国外学习，吸取先进经验，开拓思路，开辟出提升专业馆员领导和决策能力的新途径和机制。通过提升专业馆员领导和决策能力，进一步提

高馆员参与图书馆治理和决策，提升馆员主人翁意识和成长发展空间，不仅能显著提升馆员个人的职业素养，同时也能发挥专业馆员的主观能动性，促使他们承担更多的任务和挑战，增强自信心和成就感[23]，为用户提供更加专业的信息服务。

5.4.4 齐驱并进，转型重构图书馆业务机构，灵活设置岗位

从数字时代到智慧时代的变迁过程中，高等教育脱胎换骨式发展所产生的磅礴力量，转型已经成为当代高校图书馆发展的必然趋势。未来的5~10年，图书馆将以用户为中心，以服务为导向[24]，就要求图书馆摒弃以自身业务流程为中心的机构设置，通过转型重构一套以读者为中心的高校图书馆组织机构，逐步调整人员结构，完善岗位管理和人员培养机制，提高岗位绩效考核效果。一方面能够确保服务理念的贯彻落实和进一步深化创新；另一方面，能够有效、有序协调各方面的业务工作，形成良好的工作环境和积极向上的工作氛围，从上层建筑的高度给贯彻推行新的图书馆服务理念提供了保障。重构后的新机构、打破传统的业务条块分割，建立科学合理的规章制度和规范流程，减少部门业务之间的接口，加强和促进业务部之间的沟通，提升协调运行的效率，针对交叉业务、短期任务以及重点工作，则容易建立专项工作组推进工作，让用户切实地感受到更为通畅、便捷的信息服务。

5.5 结 语

国内对于专业馆员职业能力尚未有明确性的指标或共识，需要结合图书馆和图书馆学发展史、图书馆社会职能和社会责任、图书馆学科体系和工作内容、图书馆工作者特质和素养等多角度考察高校图书馆专业馆员职业能力[7]。我国高校办学方式多样，目前处于又一次改革大潮，国家相关政策在调整之中。高校图书馆发展不平衡，在新业态环境下，高校图书馆职能的扩展要反映当前形势的发展[25]，高校图书馆人力资源管理制度及馆

员职业能力应需与之相适应，并随着新业态环境的变迁而做出适当的调整。为此，高校图书馆应以《普通高等学校图书馆规程》的出台为契机，努力探寻出高校图书馆馆员职业能力的标准与体系，明确馆员职业能力的范围与指标，同时，图书馆管理人员应该高度重视，积极探索提升专业馆员职业能力的方式、途径及策略，以期有效促进新业态环境下图书馆事业的创新与转型。

参考文献

[1] 教育部关于引发《普通高等学学图书馆规程》的通知（教高〔2015〕14 号）[EB/OL]. [2017 - 08 - 07]. http：//www. moe. edu. cn/srcsite/A08/moe _736/s3886/201601/t20160120_228487. html.

[2] 黄孝群. 转型变革期高校图书馆馆员能力建设策略 [J]. 图书情报工作，2014 (9)：51 - 56.

[3] 雷震. 《普通高等学校图书馆规程》修订前后之比较 [J]. 大学图书馆学报，2016 (2)：14 - 19.

[4] 周久凤. "专业馆员" 视角下高校图书馆员的专业化发展与转型 [J]. 高校图书馆工作，2017 (2)：49 - 52.

[5] 教育部高校图书馆事实数据库系统（图书馆用户）[EB/OL]. [2017 - 09 - 12]. http：//libdata. scal. edu. cn/.

[6] 校友会 2017 中国大学排行榜 700 强. [EB/OL]. [2017 - 09 - 12]. http：//www. cuaa. net/ paihang/news/news. jsp? information_id = 131205.

[7] 王启云. 国内外图书馆职业能力研究进展与启示 [J]. 大学图书馆学报，2016 (3)：23 - 29.

[8] 任友群，随晓筱，刘新阳. 欧盟数字素养框架研究 [J]. 现代远程教育研究，2014 (5)：3 - 12.

[9] 孔繁超. 美国图书馆员职业能力观的演进及其特征 [J]. 图书情报工作，2016 (21)：39 - 45.

[10] 盛小平，陶倩. 美国 7 个图书馆员职业能力标准的比较分析 [J]. 图书情报工作，2016 (24)：14 - 19.

[11] 王启云. 关于高校图书馆员职业能力的思考 [EB/OL]. [2017 - 09 - 12].

http：//blog. sciencenet. cn/blog － 213646 － 988008. html.

[12] 初景利. 我国图书馆学科服务的难点与突破 [J]. 中华医学图书情报杂志，2012
(4)：1 － 4.

[13] RUSA. Professional Competencies for Reference and User Services Librarians. [EB/
OL]. [2017 － 09 － 12]. http：//www. ala. org/rusa/resources/guidelines/professional.

[14] 张东华. 美国 ACRL《读者指导馆员与协调员能力水平标准》 [J]. 图书情报工
作网刊，2008 (5)：1 － 4.

[15] AALL . Competencies of Law Librarianship. [EB/OL]. [2017 － 09 － 12]. https：//www.
aallnet. org/mm/Leadership － Governance/policies/PublicPolicies/competencies. html.

[16] JONES R, etal. Competencies for information professionals of the 21st century introduc-
tion [J]. information outlook, 2003 (10)：11 － 17.

[17] SLA. Competencies for information Professionals of the 21st Century. [EB/OL]. [2017 －
09 － 12]. http：//www. sla. org/content/SLA/learn/comp2003/index. cfm.

[18] 鄂丽君，王启云. 美国高校图书馆专业馆员职业能力调查与分析——高校图书馆
招聘视角 [J/OL]. 图书馆论坛 2018：1 － 6 (2017 － 08 － 26). http：//
kns. cnki. net/kcms/detail/44. 1306. G2. 20170826. 1713. 002. html.

[19] 张敏. 高校图书馆馆员职业能力构建研究——基于新旧《普通高等学校图书馆
规程》比对视角 [J]. 图书馆研究，2016 (3)：1 － 4.

[20] 孔繁超. 美国图书馆员领导力理论的发展及其应用 [J]. 大学图书馆学报，2015
(4)：29 － 35.

[21] Anon. The 11th Annual Library Leadership Institute Repositioning Libraries and Librari-
ans for Next Generation Taiwan, 10 － 14 May 2013. [EB/OL]. [2017 － 09 － 12].
http：//lib. hku. hk/leadership/2013. html.

[22] Mark D. Winston, and phD & Deborah Fisher. Leadership Education for young adult li-
brarians：a research study . Public Library Quarterly, 2003 (3)：23 － 35.

[23] 朱强，别立谦. 面向未来的大学图书馆业务与机构重组——以北京大学图书馆为
例 [J]. 大学图书馆学报，2016, 34 (2)：20 － 27.

[24] 王启云. 高校图书馆人力资源现状的思考. [EB/OL]. [2017 － 09 － 12].
http：//blog. sciencenet. cn/blog － 213646 － 1007756. html.

6 高校图书馆专业馆员职业能力变迁研究——机构设置视角

6.1 引　言

图书馆业态是指图书馆事业为满足不同的读者的需求进行相应的要素组合而形成的运行形态[1]。随着社会的发展，读者需求也发生了变化，图书馆因需而变，调整自身的要素组合，使图书馆事业与学科得以存在并健康发展。在数字化、网络化、多元化信息环境的影响下，信息技术快速发展，网络信息资源迅速增加，图书馆馆藏已然发生了质的变化，建设服务信息化、馆藏多样化、信息资源共享网络化、管理手段计算机化的现代化图书馆是许多高校图书馆建设和发展的主要目标。高校图书馆的业务中心，昨天以藏书为中心，今天在向数字化和合作交流转型，明天走向以知识为中心[2]。

本章在《国内外图书馆职业能力研究进展与启示》[3]和《高校图书馆专业馆员职业能力认识与需求调查研究》[4]研究基础之上，将高校图书馆专业馆员职业能力置于历史视野中考察高校图书馆在不同业态环境中职能的变化，探索高校图书馆专业馆员职业能力定位的历史必然性与继承性。历史视野是指从百年高校图书馆发展史（1896年至今）视角进行考察，着眼点聚焦于社会环境、机构设置、职业能力等方面。考虑到专业馆员于我国尚属于比较新的概念，依据《普通高等学校图书馆规程》，专业馆员一般应具有硕士研究生及以上层次学历或高级专业技术职务，并经过图书馆学专业教育或系统培训[5]，置身于"历史视野"，本研究中的馆员泛指高校图书馆从业人员，职业能力指图书馆从业人员为执行图书馆工作所应具备的专业领域相关知识与技能。

6.2　基于高校图书馆发展史视角的变迁

6.2.1　宏观视角——高校图书馆作为整体

宏观视角，以高校图书馆作为整体考察。束春德先生《中国高校图书馆百年发展历程回顾》认为，中国高校图书馆随社会的进步而进步，随全国图书馆事业的发展而发展，随高等教育事业的振兴而振兴，并以中国高等教育发展史和中国图书馆史分期为依据，根据中国高等教育及高校图书馆历史发展的具体情况，对高校图书馆的发展阶段进行划分[6]。本章在束春德先生所做工作基础上，辅以若干高校图书馆馆史史料，对高校图书馆机构设置变迁概况予以梳理见表6-1。

表6-1　高校图书馆机构设置变迁概况

发展阶段	社会环境	机构设置
初创时期 （1896—1918年）	1896年，盛宣怀创办南洋公学（上海交通大学前身）。1898年京师大学堂的建立，标志着我国近代大学教育的正式诞生。诞生初期多没有图书馆，通常是老师把自己的藏书拿给学生看。20世纪初随着公共图书馆的发展，各高等学校纷纷开始建立自己的藏书楼或图书室	以藏为主，沿袭藏书楼办馆思想和管理办法。南洋大学堂藏书楼内设西文藏书室，中文藏书室
第一次飞跃发展时期 （1919—1928年）	"五四"运动的爆发，加快了我国新文化运动的开展与新教育制度的推行，兴办学校、建立图书馆、译印西方书籍兴盛一时。高等学校数量不断增加，1922年19所，1927年增至109所	①北京大学图书馆设有阅览室和书库，分西文、中文、古物美术三个部，下分登录、编目、购书、典书四个科，并设有打字处和装订处，馆员约20人。②清华学校图书馆为学校参考图书馆性质，除主任和副主任外，下设六个部：参考部、购置部、编目部、出纳部、登录部、装订部。工作方法越来越科学，采购、分类、编目、流通等技术操作日趋复杂精细，形成了一些较为完整、实用的专业技术体系

续表

发展阶段	社会环境	机构设置
第一次平稳发展时期（1929—1937 年）	1927 年大革命失败，许多文化工作者遭受迫害，进步出版物遭到查禁，严重制约了图书馆的发展，高校图书馆数量增加缓慢，馆藏增长甚微	1930 年上海交通大学图书馆有馆员 12 人，主任 1 人，总务股 2 人（中西文各 1 人），编目股 2 人（中西文各 1 人），出纳 2 人，典藏股 4 人（中西文各 2 人）、日报杂志股 1 人[7]
第一次停滞破坏时期（1937—1949 年）	日本侵华战争与国共两党内战时期，图书馆遭到重大损失，文化知识界人士颠沛流离，蓬勃发展的高校图书馆，因为战争、动荡，不但未能取得新的进展，而且遭到严重破坏。南开大学图书馆 1937 年 7 月被日军炮火夷为平地，湖南大学图书馆 1938 年 4 月遭敌机狂轰滥炸，书刊大量损失	据钱亚新先生留存的湖南大学图书馆 1938 年 2 月工作报告记载，湖南大学图书馆人员构成为总务股 1 人、订购股 1 人、编目股 3 人、报刊股 1 人、出纳股 2 人，总共 8 人。1945 年 8 月至 1948 年这一时期上海交通大学图书馆设主任办公室、书库、借书处、杂志室、研究室、教员阅览室、参考室、编目室、藏书室及学生阅览室（4 间)[7]
第一次调整恢复时期（1949—1955 年）	中华人民共和国成立后，国家一方面对原有的高校进行继承改造，一方面新建一批高校，高校及高校图书馆得到较大的恢复	依据各种工作的性质设有行政部门、业务部门、业务辅助部门和图书馆分支机构等四类。认为业务部门设置应和业务组织互相一致。业务组织通常应用三种标准区分：按工序、按出版物类型、按学科性质。各馆结合自身条件，采用一种或数种标准兼行，划分业务板块，成立相应机构管理[8]。1951 年，上海交大图书馆按 1930 年的设置，分为总务股、编目股、出纳股、阅览股、杂志股[7]

续表

发展阶段	社会环境	机构设置
第二次飞跃发展时期（1956—1961 年）	1956 年高教部发出"向现代科学大进军"的号召，并召开了全国高等学校图书馆工作会议，高等院校图书馆的性质明确为"辅助教学和科学研究的学术性机构"，制订了《中华人民共和国高等学校图书馆试行条例（草案）》等文件，标志着我国高校图书馆工作走向一个新的发展阶段	1958—1959 年，清华大学图书馆设阅览科、参考科、采购科、编目科[9]。1955—1966 年北大图书馆的组织机构采编部（采购组、中文编目组、西文编目组、俄文编目组），典藏阅览部（典藏出纳组、马列主义毛泽东思想学习室、文科阅览室、理科阅览室、教师阅览室、善本阅览室、文艺书籍出纳处），期刊部（期刊书库出纳、现期期刊阅览室、旧期刊阅览室、参考咨询组）[10]
第二次平稳发展时期（1962—1966 年）	高校的数量调整合并有所减少，高校图书馆藏书大都随院校合并而合并，总体上是平稳发展的	1964—1965 年，清华大学图书馆设阅览科、参考科、采编科[9]
第二次停滞破坏时期（1966—1976 年）	"文革"中，图书馆被视为"全面专政"的工具、扼杀文化的场所，高校图书馆事业几乎被扼杀	上海交通大学 1966—1972 年停止招生，1973 年恢复招生，图书馆逐渐开放[7]
第二次调整恢复时期（1977—1980 年）	随着"文革"结束，高校图书馆事业复苏。1978 年教育部发出通知《关于加强高等学校图书资料工作的意见》	1979 年清华大学图书馆设阅览科、参考科、采编科、期刊科、编目科[9]
第三次飞跃发展时期（1981—1988 年）	1981 年教育部颁发《中华人民共和国高等学校图书馆工作条例》，高校图书馆事业建设进入正规化、法制化的轨道。1984 年教育部颁发了《关于在高等学校开设〈文献检索与利用〉课的意见》，全国有近半数高校不同程度地开设了文献检索课。1988 年我国高等学校图书馆发展至 1059 所，图书馆现代化开始起步	1984 年河南师范大学（注：指河南大学前身之一）图书馆按照《高校图书馆工作条例》设五部一室：采访编目部、流通保管部、阅览部、参考咨询部、期刊部、办公室[11]。1986 年河南大学图书馆六部一室：采访编目部、流通保管部、参考阅览部、参考咨询部、期刊管理部、技术服务部和行政办公室[11]

续表

发展阶段	社会环境	机构设置
第三次平稳发展时期（1989—1998 年）	20 世纪 80 年代中后期，由于书刊价格逐年大幅度上涨，而文献购置费增加有限，使得图书馆年进书量逐年下降，生均藏书量甚至下降到"文革"以来的历史最低水平。1991 年国家教委印发了《关于开展普通高等学校图书馆评估工作的意见》，以评促建，进一步推动高校图书馆的发展	1991 年北京大学图书馆机构设置：采访部、编目部、流通典藏部、阅览参考一部（文科）、阅览参考二部（理科）、学生教学参考部、期刊部、自动化研究开发部、美国研究文献情报中心、加拿大研究文献情报中心、苏联研究文献情报中心、古籍目录项目组、图书专款采购办公室、文献服务部、未名科技文化事业信息服务部、索引研究编纂部、总务科、办公室[10]。20 世纪 90 年代，河南大学图书馆设有：办公室、书刊采访部、图书编目部、流通保管部、参考阅览部、研究辅导部、期刊管理部、技术服务部[11]
第四次飞跃发展时期（1999—2004 年）	1999 年开始，中国高等教育连年扩招。2003 年中国高等教育在校生规模达到 1900 万人，按在校生数量计算，中国取代美国成为世界高等教育第一大国，中国开始进入高等教育大众化教育阶段。新技术为高校图书馆各项工作带来方便，现代化设备与技术全面充实到了图书馆各个工作领域	2002 年山东省各普通高等学校基本采用了计算机管理，为中外文书刊采访、分类、编目、流通、阅览、检索、统计、管理等各项工作的开展提供了极大的方便

发展阶段	社会环境	机构设置
新信息环境转型时期（2005—现在）	随着信息技术的快速发展和网络信息资源的迅速增加，图书馆的馆藏发生了质的变化，转型发展已经成为全球图书馆的共同趋势。2002 年高等教育毛入学率达 15%，进入大众化的门槛，至 2012 年达 30%，2016 年高等教育毛入学率达 42.7%，预计到 2019 年，高等教育毛入学率将达到 50% 以上，中国将进入高等教育普及化阶段。2016 年，普通高等学校 2596 所（含独立学院 266 所）。2016 年普通高等教育在校生数 2695.84 万人，专任教师 160.20 万人[12]。2016 年启动"双一流"建设，五年一期，至少到 2050 年，立足于国家战略，落实一流的人才培养和一流的科学研究	2008 年，上海交通大学图书馆进行机构改革，将原有 10 余个部室整合为新的三部一所：读者服务总部、技术服务总部、行政管理总部及情报科学技术研究所。读者服务总部下设工学部、理学部、文学部和综合流通部；技术服务总部下设采访编目部、系统发展部、技术加工部；行政管理总部下设行政办公室和总务办公室[7]。2017 年上海交通大学图书馆机构设置为：资源与公共服务部，学习与研究支持部、文化与特藏服务部、平台与技术支撑部、后勤保障与文影部、行政管理与合作部[13]。从 2015 年开始，北京大学图书馆做了比较大的机构调整，把全馆所有资源建设都集中到资源建设中心，开展学科化采访。与学习支持中心、研究支持中心、信息化与数据中心、古籍部、特藏部充分协作，加强总、分馆之间的联系，以学科采访为基础，逐步深化资源建设，最终建成全校文献信息资源体系。2017 年北京大学图书馆机构设置：资源建设中心、研究支持中心、学习支持中心、古籍图书馆、信息化与数据中心、综合管理与协作中心[14]

6.2.2 中观视角——四川省高校图书馆

中观视角选择一个区域——四川省高校图书馆进行考察，主要依据

《四川高校图书馆100年》[15]，整理出四川省高校图书馆机构设置变迁概况，见表6-2所示。

表6-2　四川省高校图书馆机构设置变迁概况

发展阶段	机构设置
藏书楼时期 （1896—1912）	一种为自办的新式学堂藏书楼和高等学堂图书馆，仍属传统的藏书楼，以藏为主；另一种为外国教会创办的大学图书馆，照搬西方大学图书馆的管理和技术方法。光绪二十八年（1902）《钦定学堂章程》颁布，要求"大学堂当附属图书馆1所，广罗中外古今各种图书，以资考证"，并确定设立图书馆经营官掌大学堂附属图书馆事务。高等学堂中规定设图书室，并设掌书官，掌一切图书仪器等项
高校图书馆的兴起 （1912—1937）	1936年7月，桂质柏任图书馆主任，四川大学图书组织机构为：业务股、采访股、编目股、期刊股、装订股。按照业务环节分设
战争时期 （1937—1949）	四川成为全国抗战的战略后方和当时的政治、文化、教育中心。四川省高校图书馆机构设置情况不详，该时期，1944年西南联合大学图书馆（隶属教务处），职员23人，设总务、采访、编目、阅览、期刊、影片、讲义七股，另有工学院师范学院两分馆及中山室[10]
中华人民共和国成立初期 （1949—1956）	四川大学设采访组、编目组、期刊组，业务由馆长总理
起伏发展阶段 （1957—1965）	1958年四川省中心图书馆委员会成立，负责藏书采集协调；编制联合目录；组织馆际互借；干部培训及业务交流等
"文革"时期 （1966—1976）	1968年后图书馆正常业务工作全部停止，1972年之后陆续恢复招生（工农兵学员），图书馆恢复开放
拨乱反正，稳步发展 （1976—1981）	1977年全国恢复高校统一招生制度，图书馆业务工作恢复
改革开放 （1982—1987）	文检课的开设进一步提高了图书馆的地位，扩大了图书馆教育职能
深化改革，迈向现代图书馆 （1988—1996）	20世纪90年代后期，现代信息技术发展迅速，"信息高速公路"的建设，改变了图书馆的信息环境，给图书馆的发展提出了新的挑战和机遇

6.2.3 微观视角——西北农林科技大学图书馆

微观视角选取一家高校图书馆——西北农林科技大学图书馆进行考察。《西北农林科技大学图书馆（1934—2008）》对机构设置变迁情况有较为清晰的记载，合并办学前（1935—2000 年）选取西北农业大学图书馆信息，整理出西北农林科技大学图书馆机构设置变迁概况（见表 6－3）[16]。

表 6－3　西北农林科技大学图书馆机构设置变迁概况

时间	机构设置
1935—1956 年	由于馆藏书刊、工作人员数量不多，馆内只设置了不同的工作岗位
1957 年	图书馆设置办公室，并分设采访、编目及流通阅览三个组
1964 年	设办公室、采访组、编目组、流通组、报刊组、资料室
1979 年	设办公室、采编组、流通组、报刊组、情报资料室、古农学研究室
1983 年	情报咨询组附设农业情报研究室，成立缩微视听组（负责文献缩微复制及视听资料服务工作）
1988 年	采编部、流通阅览部、期刊部、情报咨询部、技术部
1992 年	增设信息服务部（负责各种有偿服务项目开发及管理制度的建立，继续参与流通计算机管理系统的开发研制、实施准备工作和科技查新资质的申报工作
1998 年	"科技信息部"更名为"文献信息部"
1999 年 9 月至 2000 年 6 月	图书馆各校区图书情报单位按照原建制运行
2000 年 7 月	学校在原七个图书情报单位基础上开始组建新的图书馆
2001 年	综合办公室、流通部、阅览部、文献建设部、信息部、系统部、服务部、古文献研究室
2004 年	党政综合办公室、南校区流通阅览部、流通二部、阅览二部、电子阅览一室、电子阅览二室、文献建设部、信息咨询部、数字化部、发展规划研究室、水保所、水科所
2008 年	综合阅览室、借阅一部、借阅二部、电子文献部、文献建设部、信息咨询部、教学研究部、系统保障部、水保所
2014 年	图书馆设有北馆流通阅览、南馆流通阅览部、采编部、信息咨询部（教育部查新站）、技术保障部、办公室和水保所专业馆五部一室一分馆[17]

6.2.4　高校图书馆机构设置变迁小结

如何把图书馆业务工作的许多工序合理地组织起来，设置一些什么样的业务机构把它统管起来，是搞好图书馆工作的一个重要条件。图书馆需要设立哪些业务机构一般没有统一的标准和规定。各图书馆根据自己的任务、馆藏、人员、设备等因素，统一考虑，统筹安排。工序是图书馆设置业务部门的主要依据。按工序设置业务部门，有利于组织业务工作，便于业务部门之间的相互联系。各个业务部门既有明确分工和职责范围，又是相互联系的。

高校图书馆的机构设置变迁基本上是沿着藏书室—直线制—直线职能制—总分馆制和网络型在进行发展。从宏观视角——高校图书馆作为整体、中观视角——四川省高校图书馆、微观视角——西北农林科技大学图书馆，可以发现我国图书馆长期以来在组织机构设置中沿用了功能分类法，将图书馆分成了技术服务和读者服务，并按文献类别和处理时序再分为采访、编目、典藏、流通和阅览等主要部门。纵观中国高校图书馆事业百年发展的历史，可以感受到高校图书馆事业的发展和社会环境（包括政治、经济、文化、教育等方面）息息相关，高校图书馆事业的发展与科学技术发展密切相关，高校图书馆专业馆员职业能力因需而变，与时俱进。各种新的科学技术的发明和应用，对图书馆工作的影响和冲击是巨大的。20 世纪 80 年代视听资料的出现，图书馆改变了单纯收藏印刷型文献的局面，文献类型逐渐多样化；多媒体光盘、数据库的出现，文献信息的收藏量剧增，节省了物理空间，且使得快速检索成为可能；互联网普及后，图书馆实现了更大飞跃，进入到一个全新的时代。现代化技术和手段的应用越多，图书馆在信息社会的地位越重要，它的工作任务越多，工作内容越丰富，图书馆业务工作的变化也就越大[18]。

6.3　高校图书馆专业馆员职业能力发展方向

图书馆发展的驱动力源于用户需求，在需求和技术双重驱动下，图书馆正在从以物理馆舍和印本文献为特征的传统图书馆,走向以网络和知识服务为标志的新型图书馆。数字图书馆、移动图书馆、智能图书馆、智慧图书馆……已经从概念走向现实。信息技术正在成为图书馆技术支撑的重要组成部分,并重构图书馆的业务运行体系。新业态环境下,高校图书馆机构设置发生了较大的变化,高校图书馆需要走向新形态、实现新功能,实现整体发展设计与整体技术架构的有机衔接,实现整体业务体系重构与人员及其能力的重新配置,急待进行图书馆员新型能力建设,提升专业馆员职业能力,从人力密集型到知识密集型。

陈传夫先生等认为目前图书馆正面临着深刻的变革,新思想、新知识、新技术不断出现,作为专业化的职业,图书馆员必须经过图书馆学专业知识、专业技能和职业道德的培训,经过特定的资格认证后才能成为图书馆职业的成员[19]。图书馆的发展不仅要依凭内部资源,还要依凭外部资源(如读者资源等);不仅要依凭有形资源(文献资源、馆员资源、设施资源、读者资源等),还要依凭无形资源(图书馆馆风、职业精神、读者创意、社会先进理念等)。充分调动与开发各种有利资源,包括读者资源建设或读者资源的开发利用,图书馆才能渡过转型期,保持乃至提升自身的竞争优势[20]。

社会信息环境的变化给图书馆发展带来了新机遇与新挑战,为了应对新型环境与保持图书馆传统价值,转型发展已经成为全球图书馆的共同趋势。高校图书馆专业馆员职业能力体系需要适应社会环境和信息环境变化[21],包括:①业务基础能力,外语能力、技术与工具应用及创新能力,学科相关专业知识掌控能力;②业务专长能力,运用科学知识解决图书馆具体问题的一种必备的专门能力,包括用户能力、信息资源管理与知识管理能力、信息(知识)服务能力;③业务综合能力,灵活巧妙地利用自身的阅历、文化、智力、技能等展现出的能力素质和可挖掘的潜能的整体水平,将多种学科的信息知识进行融会贯通、创造性地处理问题的能力,包括学习与研究能力、创新能力、协调能力;④个人核心能力,个体馆员独有的优势,在特定的工作中充分发挥优势,显示其个性和与众不同的特点,塑造出特有价值,包括职业道德、团队意识、文艺特长、体育特长等等。各类型图书馆由于图书馆性质、任务和目标不同,对专业图书馆员职业能力的要求有所不同。在不同的图书馆类型中，可运用差异性战略进一步寻找自己的核心竞争力，形成不同类型不同级别及个体图书馆的核心竞争力。差异性战略对于不同级别的图书馆，特别是处于较低级别的图书馆，如地方高校图书馆面对中央直（部）属高校图书馆的强大优势而不会晦暗失色。个体图书馆能够针对自身资源、人才、组织文化、服务项目中特别擅长的项目和相应的专长进行充分发掘和利用，从而增强自己的核心竞争力。

图书馆职业能力归纳为"整合、重组、关联、互动"四要素，是图书馆知识本质、技术本质、人文本质统一的概括。一方面要做好职能的继承性拓展，综合运用图书馆职业能力要素，使图书馆更好地发挥现有社会职能；另一方面要积极推动职能的创新性拓展，在每一项基本职能发挥中将各种职业能力新特点要素充分运用，使图书馆在某些领域担当起全新的社会角色[22]。在不断变化的信息环境下，图书馆与情报学教育必须以人的需求、技术、管理与政策作为重要的教学要素，以复合型知识结构、面向不断变化的研究环境、面向个性化的图书馆实践为出发点，着力提高毕业生的职业竞争力，高度重视图书馆职业伦理教育，注重理论与实践结合，同时要发展专业学位教育，为优秀人才的成长，特别是非图书情报专业人士献身图书馆事业提供培训的机会与终身学习的环境[23]。图书馆学的内容，各处不同，随时增删，因时势不同而异其趋向。杜定友先生认为"图书馆界的人，学问贵博而不贵精，不过对于自身的图书馆学，确是要精益求精的。"[19]

6.4　结　语

高校图书馆机构设置，属于图书馆管理范围，图书馆的内部机构和业务体系建设，是顺利实现图书馆目标和计划的可靠保证。机构设置是以图书馆员为核心的，要充分调动各类积极因素，推进图书馆工作可持续发展。机构设置的变迁，一定程度上体现了高校图书馆专业馆员职业能力的变迁。图书馆的发展需要建立在高水平、高质量、凸显馆藏特色的文献资源这一基础上，而不仅仅是硬件或华丽外表的升级改造，图书馆的管理与服务是围绕文献资源这一中心工作的，图书馆机构设置应与其相适应。高校图书馆专业馆员职业能力的提升须立足实际，传承与创新并举。传统图书馆职业核心能力，如分类、编目、索引、书评等应予以重视，积极加以改造，与时俱进。新型图书馆职业核心能力，以开放的心态，积极开展实践与探索，不断丰富。理论界、实践界、教育界协力同心，共同图谋新时代图书馆事业之发展。

参考文献

［1］陈传夫，吴钢. 图书馆业态的变化与发展趋势［J］. 中国图书馆学报，2007（3）：5－14.

［2］吴建中. 大学图书馆的昨天、今天和明天［J］. 图书馆杂志，2014（12）：4－8.

［3］王启云. 国内外图书馆职业能力研究进展与启示［J］. 大学图书馆学报，2016（3）：23－29.

［4］鄂丽君，王启云. 高校图书馆专业馆员职业能力认识与需求调查研究［J］. 图书与情报，2016（5）：97－104.

［5］教育部关于印发《普通高等学校图书馆规程》的通知［EB/OL］. （2016－01－20）［2017－07－18］. http：//www. moe. gov. cn/srcsite/A08/moe _ 736/s3886/201601/t20160120_228487. html.

［6］束春德. 中国高校图书馆百年发展历程回顾［M］//中国图书馆学会编. 中国图书馆事业百年. 北京：北京图书馆出版社，2004：76－86.

［7］陈进. 思源籍府 书香致远：上海交通大学图书馆馆史：1896－2012［M］. 上海：上海交通大学出版社，2013：88.

［8］周文骏等编. 中国图书馆学研究史稿［M］. 北京：北京大学出版社，2011：60.

［9］韦庆媛，邓景康著. 清华大学图书馆百年图史［M］. 北京：清华大学出版社，2013：210－211.

［10］吴晞. 北京大学图书馆九十年记略［M］. 北京：北京大学出版社，1992：123.

［11］李景文. 河南大学图书馆史［M］. 郑州：河南大学出版社，2012，7：123.

［12］刘广明. 2016年中国高等教育运行的基本数据解读（高等教育篇）——以近九年《全国教育事业发展统计公报》为据［EB/OL］.［2017－7－16］. HTTP：//

BLOG. SCIENCENET. CN/BLOG – 359436 – 1066495. HTML.

[13] 上海交通大学图书馆组织机构 ［EB/OL］. ［2017 – 7 – 18］. http：//www. lib. sj-tu. edu. cn/index. php？ m = content&c = index&a = lists&catid = 243.

[14] 北京大学图书馆组织机构 ［EB/OL］. ［2017 – 7 – 18］. http：//lib. pku. edu. cn/portal/cn/bggk/zuzhijigou.

[15] 李秉严. 四川高校图书馆 100 年 ［M］. 成都：四川科学技术出版社，1999，5：3 – 61.

[16] 胥耀平，张波. 西北农林科技大学图书馆馆史（1934—2008）［M］. 西安：西北农林科技大学出版社，2010，4：34.

[17] 西北农林科技大学图书馆组织机构 ［EB/OL］. ［2017 – 7 – 18］. http：//lib. nwsuaf. edu. cn/gk/282738. htm.

[18] 陈源蒸，等. 中国图书馆百年纪事：1840—2000 ［M］. _北京：北京图书馆出版社，2004. 5：序言.

[19] 陈传夫，王云娣，盛钊，等. 图书馆员去职业化问题、原因及对策研究 ［J］. 中国图书馆学报，2011 (1)：4 – 18.

[20] 王子舟. 论"读者资源建设"的几个理论问题 ［J］. 图书馆杂志，2017 (5)：4 – 15.

[21] 程娟. 图书馆核心竞争力研究 ［M］. 北京：国家图书馆出版社，2016 (8)：138 – 143.

[22] 杜定友. 图书馆学的内容和方法 ［M］. //钱亚新，白国应. 杜定友图书馆学论文选集 ［M］. 书目文献出版社，1988，10：35.

[23] 王奕，卢章平，刘玉梅. "互联网 +"环境下图书馆职业能力特点对图书馆社会职能的拓展 ［J］. 图书馆，2017 (5)：27 – 31.

7 高校图书馆专业馆员职业能力的社会环境解析

7.1 引　言

社会环境随着社会的发展而不断发展变化，图书馆事业面临着与之适应与不适应的矛盾，我们要正视图书馆与社会不相协调的矛盾，也要勇于承受种种挑战，寻求图书馆与社会相适应的发展机制，推进图书馆事业的发展[1]。广义的社会环境是与自然环境相对的概念，是指人类在自然环境的基础上，通过长期有意识的社会劳动创造的物质文明和精神文明的总和，包括政治环境、经济环境、文化环境等；狭义的社会环境指同社会生活主体发生联系的外部世界，侧重于特定社会中的人口规模、生活方式、思维模式、消费习惯等社会因素。实践证明，社会环境对行业发展产生了重要的影响，特别是非刚性需求行业。非刚性需求行业所生产的产品和提供的服务致力于提供精神文化产品，并非与衣、食、住、行等人们的刚性需求相关。在不同的社会、不同的人群之间，人们对非刚性需求弹性较大、差别很大。非刚性需求行业以文化产业及其相关领域最为典型，图书馆行业也包含在内[2]。高校图书馆属于高校内部组织机构之一，存在于其特定机构及更广泛的政治、社会与监管环境的背景下。《普通高等学校图书馆规程》将图书馆员区分为专业馆员和辅助馆员，首次给图书馆员以明确定位。高校图书馆专业馆员一般是指经过图书馆学专业教育或系统培训的且具有硕士研究生及以上层次学历或高级专业技术职务的图书馆员；专业馆员职业能力指为执行专业工作所应具备的专业领域相关知识与技能[3]。社会环境解析是高校图书馆专业馆员职业能力研究的一个新视角，旨在探究社会环境新变化对高校图书馆专业馆员职业能力的影响。

7.2 高校图书馆专业馆员职业能力的发展现状

7.2.1 高校图书馆专业馆员队伍概况

依据《2017 年全国教育事业发展统计公报》[4]，全国各类高等教育在学总规模达到 3779 万人，高等教育毛入学率达到 45.7%。全国共有普通高等学校 2613 所，其中本科院校 1243 所，校均规模 14639 人。普通高等学校教职工 244.30 万人，本科学校生师比 17.42：1。"教育部高校图书馆事实数据库"中各馆自报的数据表明[5]，2016 年共有 872 所高校图书馆提交了有效的在编馆员数据。在编馆员总人数为 33246 人，其中博士学位馆员 834 人（占 2.5%），硕士学位馆员 8687 人（占 26.1%），本科学历馆员 16101 人（占 48.4%）。在编馆员馆均约为 38.1 人。各馆具有硕士研究生学历的馆员人数总体上保持稳定增长，这说明图书馆馆员的学历结构正在提升，硕士研究生学历馆员成为高校图书馆馆员的主要群体。本科学历馆员仍是高校图书馆的主力，但其所占比例正在减小，相对于硕士馆员的数量优势正在逐渐减弱。

上海交通大学图书馆 2017 年在编职工 210 人，29 岁以下 42 人（20%），30~39 岁 77 人（36.7%），50 岁以上 41 人（19.5%）；博士 10 人（4.8%），硕士 105 人（50%）；正高 5 人，副高 28 人，高级职称占 15.7%。该馆 2015 年在编职工 212 人，博士 8 人（3.8%），硕士 82 人（38.7%）。短短 3 年，硕士以上学历馆员，从 42.5% 提升到 54.8%，已做到《普通高等学校图书馆规程》要求的"专业馆员的数量应不低于馆员总数 50%"。与之形成对比的是，笔者了解到许多高校图书馆编制紧缩，"在编职工"平均年龄接近 50 岁的比例不小。部分地方高校图书馆，进入门槛"高悬"为图书情报专业、计算机科学专业博士，多年未进新馆员。江苏省某省属地方本科院校图书馆，2011 年在编人员 87 人，5 人无专业（高中、初中或中技），其余 82 人分属 48 个专业，其中图书馆学 13 人（占 15%），另有档案管理 1 人、档案学 1 人、科技情报与档案 1 人。2018 年 5 月，该馆在编人员 61 人，且平均年龄为 48 岁。还存在不少高校图书馆，情况与该馆相似。

2012—2016 年 5 年中，依据大学与研究图书馆协会对美国所有高校图书馆开展的年度调查，21% 的高校图书馆增加了人员，约有 61% 的高校图书馆对人员进行了重新安排或交叉培训，目的是更好地支持新技术、新服务，为新设立的图书馆部门或职位提供支持[6]。

王子舟先生认为"图书馆员正在越来越受到非图书馆学专业出身的上级行政人员（官僚体系）的控制，职业自主权正在逐步削弱；图书馆学专业的核心知识在信息技术的冲击下变得越来越模糊，长期没有产生深奥的知识；非图书馆学专业出身的人员正在占据或顶替大量原有的图书馆员岗位。"，尽管图书馆这一行，存在一系列职业特征，但图书馆员的职业化进程一直比较缓慢[7]。在今天，高校图书馆专业馆员队伍发展中依然存在上述现象。

馆员核心能力尚缺乏统一的认识，馆员参加培训的外部动机要远大于内部动机，其主观能动性不足[8]。图书馆正经受种种冲击，面临"转型与超越"问题。图书馆员该干什么？能干什么？如何干？馆领导困惑，馆员迷惑，其他利益相关者不知所措。图书馆员对于图书馆业务培训，似乎并不熟悉。有的图书馆，多年没有业务学习。但同时也有部分图书馆，在"如饥似渴"地探寻业务培训信息，想方设法借助业务培训，期待迅速提升专业馆员职业能力。我国高校图书馆专业馆员队伍从学历层次、专业技术职称、图书馆学系统培训等诸方面均有待进一步加强。

7.2.2 高校图书馆专业馆员职业能力研究概况

本章作者承担的教育部人文社会科学研究青年基金项目"新业态环境下高校图书馆专业馆员职业能力研究"已取得部分阶段性研究成果，可以较好地了解高校图书馆专业馆员职业能力研究概况。

《国内外图书馆职业能力研究进展与启示》[9]，以中外文数据库及网络搜索引擎检索到的文献为基础对国内外图书馆职业能力研究领域的进展进行述评。总结了国内外图书馆职业能力研究特点并得出了系列启示。《高校图书馆专业馆员职业能力认识与需求调查研究》[10]，调查了高校图书馆专业馆员职业能力的认识与需求现状，并从高校图书馆专业馆员数量情况、对专业馆员应具备的能力认识与需求、高校图书馆开展馆员分类管理与馆员培养情况等方面进行了分析，提出了高校图书馆专业馆员职业能力发展建议：理解高校图书馆专业馆员与辅助馆员的界定，构建高校图书馆专业馆员职业能力框架，建立高校图书馆专业馆员职业能力提升体系，建立专业馆员职业资格认证制度。《美国高校图书馆专业馆员职业能力调查与分析——高校图书馆招聘视角》[11]，美国高校图书馆专业馆员的职业能力可以归纳为 4 大类：学历、经验、知识与技能、能力，调查的 183 个职位均要求至少具备 4 类能力中的 3 类；美国高校图书馆重视专业馆员的图情专业教育，图书馆从业经验是招聘专业馆员的重要条件。针对我国高校图书馆专业馆员职业能力发展，提出加强职业能力教育、制定专业馆员的职业能力要求、重视专业馆员的图情专业继续教育、专业馆员积极提升职业能力等建议。《高校图书馆专业馆员职业能力变迁研究——机构设置视角》[12]，图书馆新业态环境要求图书馆员职业能力随之改变，以应对社会环境和信息环境对图书馆的冲击。该文将高校图书馆专业馆员职业能力置于历史视野中，从百年高校图书馆发展史（1896 年至今）视角进行考察，着眼点聚焦于社会环境、机构设置、职业能力等方面，探索高校图书馆专业馆员职业能力定位的历史必然性、继承性、发展性。《岗位设置视角下的高校图书馆专业馆员职业能力研究》[13]，以我国 12 所高校图书馆网站上公布的组织机构和岗位职责为数据信息源，基于岗位设置的视角对我国高校图书馆专业馆员职业能力进行调查和比较分析，研究构建出包括基础能力、专业能力和服务能力 3 个大类的专业馆员职业能力指标体系。

7.3 高校图书馆专业馆员职业能力的社会环境解析

7.3.1 宏观层面

高校图书馆专业馆员职业能力的社会环境解析的理想图景是：分析不同历史时期及其所处的社会环境下高校图书馆专业馆员职业能力，通过历时性纵向维度梳理，从历史视野来确定当前和未来社会环境下的高校图书馆员职业能力的核心部分及可变部分，核心部分是以不变应万变，可变部分是以变应变。这将是非常宏大的研究，而本章着眼于当前所处的社会环境，从共时性角度横向维度梳理，希望这样的探索承前启后、继往开来。

社会环境本身是纷繁复杂的，关系到每个人的职业生涯乃至人生发展。为了更为直观的了解所处的社会环境，从宏观层面描绘社会环境解析示意图（见图7-1）。该图中将社会环境"拆解"为政治环境、文化环境、教育环境、科技环境、信息环境、经济环境六大主流环境。图中各类环境的位置代表着其在社会环境中的"地位"，政治环境位于最上方，文化环境、教育环境次之、科技环境、信息环境再次之，经济环境在最下方。经济环境为基础，政治环境为灵魂，文化环境、教育环境、科技环境、信息环境为躯体。

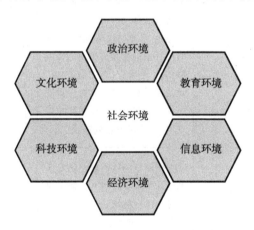

图7-1 社会环境解析示意图

7.3.2 微观层面

环境扫描是获取和利用外部环境中有关的事件信息、趋势信息和关系信息的行为，目的是协助机构的高级管理层制定其未来行动的计划。针对高校图书馆专业馆员职业能力发展，聚焦于社会环境中的六大主流环境进行的粗略的环境扫描。采用文献调查法、内容分析法、比较研究法等多种研究方法，试图从较为微观的层面考察高校图书馆专业馆员职业能力与社会环境之间的联系，审时度势，有所作为。社会环境及其对高校图书馆专业馆员能力的影响见表7-1。

表7-1　社会环境及其对高校图书馆专业馆员职业能力的影响

类型	基本内涵	主要特征	对高校图书馆专业馆员职业能力的影响
政治环境	政治制度及政治现状，如政局稳定状况、国家政策支持状况、法制建设进程等	①习近平在中共十九次全国代表大会上的报告中指出[14]："经过长期努力，中国特色社会主义进入了新时代，这是我国发展新的历史方位""进入新时代，我国社会主要矛盾已经转化为人民日益增长的美好生活需要和不平衡不充分的发展之间的矛盾"。②经过40年的改革开放，"新时代"也是我国高校图书馆发展的历史新方位。"双一流"建设有利于我国高等教育实现资源更好配置，但依然存在发展不平衡不充分的问题[15]	个人素质方面要求：①政治合格（拥护党的路线、方针、政策；思想道德纯洁，崇尚科学，反对迷信）。②作风优良（实事求是，言行一致；与时俱进，开拓创新）；③遵纪守法（管理严格，秩序正规；令行禁止，举止文明）；④爱岗敬业（忠于职守，热爱工作岗位，热爱本职工作）
文化环境	影响社会基本价值观、知觉、偏好与行为的习俗和其他力量的一类宏观环境，主要从社会文化与居民文化状况来衡量，包括公众文化意识，国家文化政策、文化发展状况、文化氛围、文化产业形势等	①文化建设的核心就是满足人的精神需求。满足文化需求是满足人民日益增长的美好生活需要的重要内容。②坚持中国特色社会主义文化发展道路，激发全民族文化创新创造活力，建设社会主义文化强国。③秉承中国的文化价值理念，坚持中国的文化立场，立足于当代中国的文化发展现状，思考和解决当代中国人关心的文化问题，提出中国的文化方案。④新时代文化建设：坚持为人民服务、为社会主义服务，坚持百放齐放、百家争鸣，坚持创造性转化、创新性发展[16]	个人素质要求：知晓图书馆使命和任务，具有责任感，工作热情。专业能力要求：具备阅读推广能力，履行高校图书馆的文化功能、德育功能

类型	基本内涵	主要特征	对高校图书馆专业馆员职业能力的影响
教育环境	有目的地对影响个人发展的因素进行选择和组织所构成的个人发展的外部环境，在所有影响个人发展的决定性因素中具有主导的作用	①十九大报告明确提出了"加快一流大学和一流学科建设，实现高等教育内涵式发展"的目标。"双一流"建设与教育质量的提升离不开"一流图书馆"建设。各高校的"一流图书馆"建设应围绕着各自使命来展开。从长远来看，受惠于"双一流"建设的，不仅是名单中的高校与学科，不同地区、不同类型、不同层次的高等学校的发展步伐都将因为"双一流"而得到促进[17]。②《国务院办公厅关于深化高等学校创新创业教育改革的实施意见》指出，"深化高等学校创新创业教育改革，是国家实施创新驱动发展战略、促进经济提质增效升级的迫切需要，是推进高等教育综合改革、促进高校毕业生更高质量创业就业的重要举措""到 2020 年建立健全课堂教学、自主学习、结合实践、指导帮扶、文化引领融为一体的高校创新创业教育体系，人才培养质量显著提升，学生的创新精神、创业意识和创新创业能力明显增强，投身创业实践的学生显著增加"[17]。③《新媒体联盟地平线报告（2014 高等教育版）》指出，教育范式正在向包含更多的在线学习、混合式学习和协作学习的方向转移。《教育部关于加强高等学校在线开放课程建设应用与管理的意见》指出，"建设一批以大规模在线开放课程为代表、课程应用与教学服务相融通的优质在线开放课程""认定一批国家精品在线开放课程"[18]。④《普通高等学校图书馆规程》（教高〔2015〕14 号）是一部旨在宏观指导的专门法规，指导我国高校图书馆事业的建设发展，规范高校图书馆的服务与管理[3]	专业能力要求：①教学培训能力。进行信息素养教学培训评估；运用教学技巧；教学互动与反馈；在线开放课程。②学术交流能力。至少掌握一门外语；能够阅读专业文献；能够进行专业论文写作；能够应用多种交流技巧；能够参加专业组织；能够参与学术交流。③终身学习能力。能够进行自主学习；能够及时更新知识；具备终身学习意识。④信息服务能力。进行服务营销；开展学科知识服务；提供战略决策支持等。⑤用户服务能力。发现用户需求；分析用户需求；解决用户问题；进行信息分析；提供信息共享；开展参考咨询。⑥美国高校图书馆提供的新服务，位居前 5 位的是网络开发、开放获取机构知识库、学习系统、数字人文和数字媒体制作。大多数高校图书馆聘请专业人员提供版权、元数据、数据管理、科研影响、教学设计以及数据可视化方面的协助[19]

类型	基本内涵	主要特征	对高校图书馆专业馆员职业能力的影响
科技环境	科学技术的进步以及新技术手段的应用对社会进步所产生的作用	①凯文·凯利（Kevin Kelly）是世界著名科技杂志《连线》创始主编，"网络文化"的发言人和观察者。其2016年出版的《必然》一书对十二种必然的科技力量加以阐述，他们将会塑造未来的三十年。"这些力量并非命运，而是轨迹。他们提供的并不是我们将去往何方的预测。只是告诉我们，在不远的将来，我们会向哪些方向前行，必然而然。"《必然》一书中译本"图书馆"一词出现79次。[20] ②2017年版《新媒体联盟地平线报告：图书馆版》中涉及的消费者技术、数字化策略、使能技术、互联网技术、学习技术、社交媒体技术、可视化技术等七大类技术，并深入解读大数据、数字学术技术、图书馆服务平台、在线身份、人工智能、物联网等六项重要的新兴技术。[21] ③《高校图书馆发展大趋势报告：2016版》中提出研究数据服务、馆藏评估趋势、数字学术、图书馆集成系统与内容提供商/完成并购、高等教育信息素养框架新方向、学习证据、新兴馆员职位、替代计量学、开放教育资源等九大发展趋势[22]	专业能力要求： ①发现和创造能力。专业馆员所做工作具备一系列智识成分，它既有关于图书馆馆藏（物理馆藏和数字馆藏）的知识，也包括为建立信息和用户之间联系而历练出的发现和创造能力。 ②信息技术能力。计算机硬件、计算机软件、通信技术、数字化技术、多媒体技术、移动技术、辅助技术、信息安全技术、自动化技术、存储技术、图书保护与修复技术等，结合实际需要，积极学习与利用

类型	基本内涵	主要特征	对高校图书馆专业馆员职业能力的影响
信息环境	组织或个人获取、存储、使用信息技术和信息资源的各种因素的集合。包括信息化发展、信息化与学科建设、信息化水平、居民信息获取能力等	①信息的传播方式与渠道发生了变化。传统的信息传播方式主要通过纸本文献，现代的信息传播方式呈多元化，网络与新媒体成为现代信息传播最主要的渠道。②文献信息的品种、数量与质量发生了变化。从单一的纸本文献向多元化文献发展；纸本、数字化及其他载体文献并存；新的信息表达形式：BBS、博客、短信、微博、微信等等。③信息存在与存储方式发生了变化。信息安全问题：硬件问题、软件问题、非本地化问题；内容的整合问题。④知识产权保护与合理利用问题。现行的知识产权保护模式基本上是传统知识产权保护模式的简单套用；现行的知识产权保护模式有可能妨碍信息和知识的自由传播[23]	专业能力要求：①馆藏管理能力。馆藏组织（分类、著录标引等）、馆藏维护、馆藏评估、馆藏更新、馆藏剔旧、馆藏数字化等。②知识管理能力。知识获取、知识组织、知识共享、知识保护、知识应用、知识创新等
经济环境	国民经济发展的总体概况，包括国际和国内经济形势及经济发展趋势。组织所面临的产业环境和竞争环境等。这一影响因素关系到经济制度和经济发展状况，如经济发展速度、经济发展形势、物质丰富程度、人民生活水平等	①中国经济从高速进入高质量发展。②我国经济社会发展的主要特征：总体处于工业化后期向后工业化转型的发展阶段；城镇化进程相对工业化明显滞后；生产性服务业是经济持续发展的最大短板。③未来五到十年我国新经济发展：有利条件是国内即将迎来新经济浪潮、国内产业迁移为新经济带来机遇；不利条件是新经济缺乏可复制模式借鉴、传统发展模式惯性巨大。④未来我国新经济发展趋势：传统产业与新经济加速融合、现代服务业发展进入快行道、新兴战略性产业方兴未艾。⑤政府采购高校图书馆文献资源[24]	专业能力要求：①财产管理能力。图书馆预算、成本收益分析、合理配置资金。②人力资源管理能力。改善图书馆工作人员工作条件，提高工作待遇和报酬，招募和保留人才，同工同酬、平等聘用，并逐步实现工作人员多元化，满足长期职业发展的需求[25]。③图书馆经费保障能力。图书馆经费包括文献信息资源购置费、运行费和专项建设费。高等学校应注重办馆效益，科学合理地使用经费，鼓励社会组织和个人依法积极向图书馆进行捐赠和资助。④图书馆合作能力。图书馆合作已打破过去在圈内合作的形态，在竞争中求合作，根据事业发展需要逐步延展到与信息服务提供商、社会信息机构、媒体等机构的合作

7.4 高校图书馆专业馆员职业能力发展的未来趋势

随着"双一流"建设的脚步：教师将来自全球；学生将来自世界，就业面向世界；出一流的成果，培养一流的人才；一流图书馆需要有原创独有的资源（包括研究资源和课程资源支撑体系），提供一流的资源、一流的服务。"双一流"用户需求会有新变化，将更广泛、专深、个性、多元；需要书、刊等印刷型资源，也需要数据、数字课程、虚拟实验、现实模拟、微型世界、智能分析工具等，还需要文献服务、数据服务、知识服务、课程服务、技术服务等。高校图书馆的功能随着社会环境变化而变化，但这种变化不是简单的取代，而是与社会需求紧密相连，并不断得到拓展和提升。高校图书馆专业馆员职业能力发展与时俱进。

高校图书馆专业馆员职业能力是图书馆人以独特的智能思维和方法服务于人类知识活动，以实现人类智能提高为目的的能力，基础在信息加工，核心在知识服务，效应在智能开发[26]。参照《统筹推进世界一流大学和一流学科建设总体方案》总体目标时间节点[27]，高校图书馆专业馆员职业能力发展的未来趋向划分为：近期发展趋势（2018—2020 年）；中期发展趋势（2021—2030 年）；远期发展趋势（2031—2050 年）。

① 近期发展趋势（2018—2020 年）。以"信息"为中心，在信息获取与传播领域的信息鉴别、信息筛选、信息存储、信息整序方面积极作为。信息是指事物运动的状态和状态变化的方式。从过去的信息匮乏走到当今的信息泛滥，如何更好地完成图书馆的使命，我们面临巨大的挑战。专业馆员职业能力表现为对信息状态的观察能力、理解能力和效用判断能力。

② 中期发展趋势（2021—2030 年）。以"知识"为重心，在知识范围的知识组织、知识交流、知识关联、知识发现、知识互动方面有所作为。知识是指关于事物运动的状态和状态变化的规律系统化的信息，是信息的结晶。专业馆员的职业能力主要表现为知识转化能力、知识序化能力，知识融合能力。

③ 远期发展趋势（2031—2050 年）。以"智能"为核心，在智能生成

过程中的学术情报、智慧图书馆、多类型空间组织、知识信息资本经营方面大显身手。智能是指创新、调控、运作和应用知识与信息的智慧与能力。专业馆员应具备四种能力[28]：认知与应对能力（基础）、服务与行动能力（实战）、协作与沟通能力（纽带）、自我发展能力（延伸）。

7.5 结　语

图书馆事业是一个不断发展的有机体，其业态不仅受社会环境、技术发展、用户需求等外在环境的影响而变化，同时，从自身的发展需求出发，图书馆也要在原有服务形态的基础上推出新思路、新举措和新模式。新业态在影响图书馆的同时，图书馆也需要主动迎接新业态的挑战，在业态不断发展、变化和创新的进程中，成为催生新业态的助力器[29]。图书馆员新型能力建设已经成为新型图书馆建设的首要任务[30]。只有通过新型能力建设，图书馆员变身为知识资源建设的发现者与组织者，变身为隐性知识资源的提供者、知识资源内容的评价者和知识资源价值增值的驱动者，图书馆才能真正实现业务转型，为用户提供高质量的知识服务，从而实现其社会价值。图书馆职业能力通过图书馆学研究与图书馆教育体系不断深入和扎根于图书馆馆员之中，形成独特的职业能力体系。面对转型与变革的社会大潮，我们需要传承与开新并举，循序渐进。新鞋子还没有缝好以前，先别急着把旧鞋子扔掉。高校图书馆、高校图书馆专业馆员及其他利益相关者，认真分析现状，找准定位，立足现在，着眼长远，抓住新兴图书馆业态变革的发展机遇，制定科学合理的发展规划，不断提升专业馆员职业能力，更好地谋划事业发展，为整个图书馆行业未来的跨越发展，乃至"中国梦"的实现作出应有的贡献。

参考文献

[1] 程亚男. 图书馆与社会 ［M］. 北京：书目文献出版社，1993：219 - 220.

[2] 张森. 国内电视剧传播的社会环境解析 ［J］. 中国电视，2014（6）：76 - 81.

[3] 教育部关于印发《普通高等学校图书馆规程》的通知［EB/OL］. ［2018 – 07 – 22］. http：//www. moe. gov. cn/srcsite/A08/moe_736/s3886/201601/t20160120_228487. html

[4] 教育部. 2017 年全国教育事业发展统计公报［EB/OL］. ［2018 – 07 – 22］. http：//www. moe. edu. cn/jyb_sjzl/sjzl_fztjgb/201807/t20180719_343508. html

[5] 王波，吴汉华，宋姬芳等. 2016 年高校图书馆发展概况［J］. 高校图书馆工作，2017，37（6）：20 – 34.

[6] 美国图书馆协会. 2018 美国图书馆协会白皮书［J］. 图书情报研究，2018（2）：3 – 12.

[7] 王子舟. 图书馆学是什么［M］. 北京：北京大学出版社，2008：316.

[8] 李金永. 地方院校馆员培训中的"软抵抗"分析［J］. 新世纪图书馆，2016（10）：33 – 37.

[9] 王启云. 国内外图书馆职业能力研究进展与启示［J］. 大学图书馆学报，2016，34（3）：23 – 29.

[10] 鄂丽君，王启云. 高校图书馆专业馆员职业能力认识与需求调查研究［J］. 图书与情报，2016（5）：97 – 104.

[11] 鄂丽君，王启云. 美国高校图书馆专业馆员职业能力调查与分析——高校图书馆招聘视角［J］. 图书馆论坛，2018，38（1）：128 – 134.

[12] 王启云. 高校图书馆专业馆员职业能力变迁研究——机构设置视角［J］. 高校图书馆工作，2018（4）：18 – 23.

[13] 王爱，王启云. 岗位设置视角下的高校图书馆专业馆员职业能力研究［J］. 高校图书馆工作，2018（5）：录用待发.

[14] 习近平. 习近平在中国共产党第十九次全国代表大会上的报告［EB/OL］. ［2018 – 07 – 22］. http：//cpc. people. com. cn/n1/2017/1028/c64094 – 29613660. html.

[15] 朱强. 当前高校图书馆数字资源建设的挑战［EB/OL］. ［2018 – 07 – 22］. http：//lib15. cqu. edu. cn/calis16/userfiles/1/files/cms/article/2018/05/01 – 当前高校图书馆数字资源建设的挑战 . pdf.

[16] 祁述裕. 党的十九大关于文化建设的四个突出特点［EB/OL］. ［2018 – 07 – 22］. http：//theory. people. com. cn/n1/2017/1201/c40531 – 29680137. html.

[17] 国务院. 国务院办公厅关于深化高等学校创新创业教育改革的实施意见（国办发〔2015〕36 号）［EB/OL］. ［2018 – 07 – 22］. http：//www. gov. cn/zhengce/content/2015 – 05/13/content_9740. htm

［18］孙波，刘万国. 基于环境扫描的"十三五"高校图书馆转型探索［J］. 图书情报工作，2016（5）：5－11.

［19］美国图书馆协会. 2018 美国图书馆协会白皮书［J］. 图书情报研究，2018（2）：3－12.

［20］Kelly，K. 周峰，等，译. 必然［M］. 北京：电子工业出版社，2016，1：339.

［21］徐路. 新技术支撑面向未来的图书馆变革——基于《新媒体联盟地平线报告：2017 图书馆版》的分析与启示［J］. 图书情报知识，2017（5）：40－48.

［22］徐路. 新技术环境下高校图书馆发展趋势研究——基于 ACRL《高校图书馆发展大趋势报告：2016 版》分析［J］. 图书与情报，2017，（4）：83－90.

［23］陈力. 数字时代图书馆的资源建设. 中国图书馆学会 2016 年图书馆员在职培训，2016 年 8 月 5 日，北京.

［24］高辉清. 我国新经济发展形势分析［EB/OL］.［2018－07－22］. http：//www. sic. gov. cn/News/455/8918. htm.

［25］邱葵. 从美国学术图书馆协会年度工资调查统计看美国高校图书馆的人力资源管理［J］. 图书馆论坛，2018（7）：134－143.

［26］王正兴. 信息—知识—智能转换知识生态系统中图书馆职业能力研究［J］. 图书馆学研究，2017（21）：15－22.

［27］国务院. 国务院关于印发统筹推进世界一流大学和一流学科建设总体方案的通知（国发〔2015〕64 号）［EB/OL］.［2018－07－22］. http：//www. gov. cn/zhengce/content/2015－11/05/content_10269. htm

［28］陈有志，郑章飞，刘平，等. "创新与发展：新时代的图书馆与图书馆学"高端论坛会议综述［J］. 大学图书馆学报，2018（3）：5－13.

［29］霍瑞娟. 新业态环境下我国国家图书馆社会职能定位研究［M］. 北京：国家图书馆出版社，2014：70－99.

［30］杨沉. 图书馆员新型能力：涵义、驱动因子、框架及其建构路径［J］. 国家图书馆学刊，2017（5）：59－67.

8 图书馆职业道德中的"休谟问题"研究——基于图书馆职业能力视角

8.1 引 言

图书馆职业道德是图书馆职业能力中的重要组成部分，两者都是基于社会化分工而逐渐形成的，职业道德对职业能力的建设起到价值导向作用，职业能力是职业道德的外在表现方式。在职业能力的视角下研究职业道德中的基本问题有助于我们在更全面的认识范畴里深化相应的理论成果，解决职业道德中的基本问题将进一步提升职业能力的研究高度。

图书馆职业道德是图书馆从业者根据图书馆的工作实践制定的各种道德准则和要求，也是图书馆员职业能力的重要组成部分，图书馆职业道德是与图书馆实践活动相伴而生、相随而行的，贯穿于图书馆实践工作的全部环节和整个过程，图书馆职业道德对馆员的价值判断取舍、业务能力、纪律观念、理想信念等核心问题有着重要的规范导向作用。

图书馆职业道德不但是指导馆员思想言行的道德规范，而且本身也是一种逻辑判断的体系，图书馆职业道德的形成和发展不是凭空设想出来的，其建立在大量的道德实践基础上。图书馆职业道德指示着馆员在日常工作中"应该如何做"，并且通过相应的规章条例来阐释职业道德在实践中的运作。馆员在大多数情况下会在感性认识上接受各种职业道德的要求并且身体力行，有时候馆员需要的不仅仅是被告知自己"应该如何按照职业道德规范来工作"，而且应当尝试理性思考：我们习以为常的各种职业道德究竟是如何制定的？相关的根据或者理由是什么？简言之就是我们如何从"是"（职业实践活动）推导出"应该"（职业道德规范），这并非一个简单的过程，而是一个涉及价值判断的逻辑思维过程。上述问题就是图书馆职业道德中的"休谟问题"，主要从伦理学或者价值论的视角来研究职业道德如何得来。大卫·休谟（David Hume）在《人性论》中谈及一个"应该"（规范）能否由"是"（事实）推导出来的设问，他认为，在他所遇到的每一个道德学体系中，他所遇到的不再是命题中通常的"是"与"不是"等连系词，而是没有一个命题不是由一个"应该"或一个"不应该"连系起来的，这个"应该"或"不应该"既然表示了一种新的关系或肯定，所以就必须加以论述或说明[1]。休谟指出人们在伦理学体系中普遍存在着一种思维跳跃，没有指出"是"到"应该"的逻辑通道。值得说明的是休谟完成《人性论》著作后，在长达超过150年的时间里没有哲学家可以对其提出的"问题"进行系统的论证。直到1903年，摩尔（George Edward Moore）发表了伦理学的经典著作《伦理学原理》系统地论述了这个问题，由此可见"休谟问题"是一个具有重大理论探索意义的问题。此外当代伦理学家麦金太尔（Alasdair MacIntyre）、艾伦·吉沃斯（Alan Gewirth）、马克斯·布莱克（Max Black）等人也通过不同的角度论述了自己对"休谟问题"的解读，至今"休谟问题"依旧在继续被学者进行新的"解题"。目前"休谟问题"不单单是伦理学中的学术问题，已经渗透到政治学、法学、文学、心理学、历史学、社会学等不同学科中，足以彰显"休谟问题"的深邃与睿智。

图书馆职业道德属于伦理学的研究对象，我们习以为常的各种职业道德规范（也就是各种"应该"）究竟以怎样的方式和逻辑推理得出？这与馆员日常的职业实践活动（也就是各种"是"）有什么关联？馆员日常的职业实践事实活动和相应的职业道德规范之间存在如何的逻辑推理通道？上述问题可以概括为图书馆职业道德中的"休谟问题"。国内现有的相关研究成果寥寥无几，浅尝辄止，理论深度和广度有待进一步完善。图书馆职业道德的研究与各种学科密切相关，我们从不同角度来诠释图书馆职业道德的理论基础有助于我们更加全面地把握其理论内涵，扩展认识高度和提升思考深度，继而进一步完善对图书馆职业道德的基础理论研究。

8.2　国内外研究现状

图书馆职业道德是一个被人们高度关注的研究热点问题之一。国内学术界对图书馆职业道德进行了不同视角的研究，其中代表性的学者有：黄俊贵[2]，肖希明[3]，范并思[4]，程焕文[5]，张靖[6]，楚丽霞[7]，黄亚男[8]，盘美英[9]，张世良[10]，杨萍[11]，于厚海[12]，李清[13]，刘晓琳[14]，等等。国内的研究成果侧重于四种观点：第一种观点是强调职业道德的具体行为，持这种观点的人主要围绕职业道德的各种注意事项展开论述。第二种观点是强调职业道德的意义，持这种观点的人主要从某一现象或者视角来论述职业道德的重要性。第三种观点是强调职业道德的建设路径，持这种观点的人主要通过实证研究来阐述如何优化现有的职业道德体系。第四种观点是强调职业道德法律法规的制定和实施，持这种观点的人主要结合国内外职业道德立法和实施的情况来论述如何加强和完善我国现有的图书馆职业道德法律法规体系。

国外学者对图书馆职业道德有着较为深入和全面的研究，其中代表性的学者有：De Souza[15]，Yontan[16]，Prrer[17]，Prentice[18]，Morán[19]，Lamdan[20]，Igbeka[21]，Larsen[22]，Kaihoi[23]，Mouton[24]，McMullen[25]，等等。根据现有的研究成果可以概括出以下三种主要观点：第一种观点是论述职业道德的具体内容，持这种观点的人主要陈述图书馆员应该如何践行职业道德。第二种观点是分析图书馆职业道德失范的原因及预防措施，持这种观点的人主要分析了职业道德失范的表现和原因，同时提出了预防的措施及改善的对策。第三种观点是论述职业道德的法制建设，持这种观点的人主要是从法律的角度来论述职业道德的建设和具体应用。

总之，以欧美地区为代表的国外学术界对图书馆职业道德的研究有着较为成熟的规范标准、执行程序和法律法规责任，特别是对图书馆职业道德的具体实施有着强有力的监督机制，对职业道德的失范行为有相对健全的预防措施。国内图书馆学术界对职业道德的研究起步较晚，中国图书馆学会在 2002 年 11 月颁布了《中国图书馆员职业道德准则（试行）》，随后业界展开了较大规模和较有深度的研究，但是仍存在理论研究成果比较分散，缺乏系统性和持续性。国内现有的研究成果侧重于对图书馆职业道德规范的陈述，主要是从职业道德规范的内容层面来研究，本章针对图书馆职业道德中的"休谟问题"进行理论探索，以期进一步丰富本领域的理论研究成果。图书馆职业道德伴随着图书馆工作实践的开展而不断丰富其内涵，本领域的相关研究也将被赋予新的特征和新的视域，这是一个充满活力的研究领域。

8.3 基本概念分析

8.3.1 道德和职业道德

"道德"一词常常出现在人们的口语中，是一个耳熟能详的词汇，在不同的语境下，研究者对道德的表述各抒己见。在我国的文化中，"道德"一词最早出现在《道德经》里，老子认为："道生之，德畜之，物形之，势成之。是以万物莫不尊道而贵德。道之尊，德之贵，夫莫之命而常自然。"[26]这是对"道"与"德"之间关系的精辟见地，"道"孕育了世间万物，"德"养育了世间万物，"德"是"道"的体现。后来荀子在《劝学》中将"道德"连用，荀子认为："故学至乎《礼》而止矣。夫是之谓道德之极。"[27]这里的"道德"是对人之为人的内在规定，阐释了"礼"的内涵。"道德"一词经过不同时代学者的诠释，内涵在不断发生着变化，在当代社会，"道德"一词的含义是："以善恶评价的方式调整人与人之间及个人同社会之间关系的行为规范的总和。"[28]在西方文化中，"道德"一词源于拉丁文"mos"，意思是"品性与风习"，表达了人们内在的品德和外在的风俗习惯，是一种对人们行为的规范指南。"道德"一词的内涵同样在西方文化的发展中不断变化着，在当代英语文化中，人们用"ethics"一词来表达"道德"，其含义是"moral rules or principles of behavior governing a person or group"[29]。英语中的"ethics"一词表达出"一种对个人或者组织的道德或行为的伦理标准"的含义。

本章笔者认为，道德是人类社会特有的现象，是一种规范自我和外在对象（他人或者组织）之间关系的伦理体系，用于调节自我、自我和外在对象之间的情感和行为。具体而言，我们可以从三个方面来理解：首先，道德是一种社会现象，道德普遍存在于现实的人类生活中，并不是空洞无物的概念，人们为了维持正常的秩序，必须对相互之间的关系做出必要的调节，对自我和外在的对象做出相应的约束，通过各种规范条文来具体应用。其次，道德是以善恶为评价标准来调节人们之间的关系，人们用"善"来描述一个人"道德高尚"，用"恶"来描述一个人"道德败坏"。这里的"善"与"恶"是一种伦理观点，可以引申出很多的对立概念，例如正与负、好与坏、利与弊等等，道德建设的同时也是一种伦理体系的建立过程。第三，道德是一种思想行为规范，主要通过内心信念、风俗习惯、社会舆论等来调整和规范自我、个人和个人之间、个人和社会之间的各种关系。

职业道德是道德的一种，侧重于调节人们在职业生涯实践中的各种关系，在现代汉语中，职业道德被定义为："从事一定职业的人员在职业活动中应遵循的行为规范的总和。"[30]人们从事某一种职业实践活动时不可避免地会受到相关职业道德的规范作用，职业道德指导人们一方面如何处理好本行业内部人员之间的思想言行关系，另一方面如何处理好本行业与其他行业之间的思想言行关系。

8.3.2 "是"与"应该"

"是"（Is）与"应该"（Ought）是"休谟问题"中两个重要的术语，很多学者在研究"休谟问题"时通过使用这两个术语有助于澄清在语言表达和理解"休谟问题"时可能出现的误解。

在汉语语境中，"是"一词可以用作名词、动词和代词，我们这里所要分析的"是"用作动词，构成"S 是 P"（"主 - 系 - 表"结构）形式的命题。在英语语境中，"Is（Be）"表达的是"存在"之意，可以和主语单独构成句子。无论在汉语语境还是在英语语境中，"是"表达出了事实判断和价值判断，例如在"图书馆职业是一份崇高的工作"的表述中，既有事实判断（图书馆职业是客观存在的工作），也有价值判断（对图书馆职业进行了价值评价，认为其是崇高的）。

在汉语语境中，"应该"一词有多种表述情形，主要表达出事物存在状态的客观必然性（例如图书馆应该是大学重要的建筑物之一）或者对人的思想言行的规范和要求（例如馆员应该认真热情服务读者）。在英语语境中，"Ought"同样有多种表述情形，例如"to have the moral duty to do something; shows that some action would be right or sensible"[31]，表达出（责任、义务等）应该、应当以及（行为）理应等含义。

"休谟问题"的实质就是如何解释伦理学中从"是"到"应该"的逻辑推理，从"是"到"应该"不能是直接进行思维跳跃的，必须寻找出联系两者的逻辑通道。我们放置在图书馆职业道德中理解，就是我们习以为常的各种职业道德规范是如何建立的，难道仅凭个人的主观情感或者愿望甚至心血来潮就可以制定出来吗？馆员在日常的工作中会产生大量的职业实践活动事实，我们如何可以根据这些实践事实来制定道德规范，从而达到让馆员的思想言行"应该"如何做的目的。

8.3.3 价值

"价值"一词对我们并不陌生，在不同的学科领域，研究者对其的表述各抒己见，例如在经济学领域里有学者认为价值是凝结在商品中的无差别的人类劳动，在美学领域里有学者认为价值由美与丑来表达，在哲学领域里有学者认为价值体现在客体的存在、属性和变化对于主体的意义。"价值"一词在我国现代汉语中的含义是："（某事某物的）效用或意义。"[32]在当代英语文化中，人们用"value"一词来表达"价值"，其含义是"the usefulness, helpfulness, or importance of something, esp. in comparison with other things"[33]。英语中的"value"一词表达出"在不同事物的关系中，某事物的作用、益处和重要性"的含义。本章所要探讨的价值，隶属于哲学领域，它主要研究客体的存在、属性和变化对于主体的意义，是主体自身的需要同客体属性之间的一种关系，即价值是一种关系范畴，尽管比较抽象，但绝非是无意义和无内容的。价值不独立存在于主体，也不独立存在于客体，而是存在于主体和客体的相互作用中，这一点对于我们理解价值的概念有着重要的思维引导作用。具体说来，"价值"这一术语给人们直观的理解是"好与坏"的判断标准之一，"好"体现出正价值，"坏"体现出负价值，这是对价值概念的感性认识。价值不能单独存在，并非实体范畴，例如"这位学科馆员有价值"就是在谈及价值客体"学科馆员"，"这位学科馆员对读者有价值"中的"对读者有价值"则是在谈及价值主体"读者"。上述的"主体"与"客体"是构成价值实践的两个基本要素，缺一不可。在价值中，主体是实践者和认识者的一方，客体是被实践和被认识的一方，它们各自在价值中的角色和地位是不同的。例如读者来到图书馆开展咨询学科服务的实践活动时，读者是作为价值实践者和认识者的一方，学科馆员则是被实践和被认识的一方，读者和学科馆员之间存在相互作用，假如学科馆员可以满足读者的信息需求，那么对于读者来说学科馆员有正价值，可以给自己带来"好"与"利"，反之学科馆员有负价值，给读者带来"坏"与"害"，学科馆员满足读者学科信息需求的程度决定了学科馆员价值量的大小。

8.4　图书馆职业道德中"休谟问题"的解读

通过分析图书馆职业道德中"休谟问题"的基本概念，有助于我们理解和解答"休谟问题"，里面涉及了从事实判断到价值判断，再由价值判断到规范判断两个步骤，最后形成了符合客观规律和满足馆员主体需要的各种职业道德规范。

图书馆职业道德集中反映出馆员的价值观念、价值标准、行为规范等，图书馆职业道德主要通过观念、行为和物质三种角度呈现出来。图书馆职业道德是一种内化在馆员意识中的观念，这种观念无法用直观的可视化方式呈现出来，需要借助行为和物质两种方式反映出来。馆员在日常工作中的行为是职业道德的一种体现，馆员的言行举止就是自身职业道德观念的一种体现角度。图书馆职业道德同样有物质的呈现角度，例如以纸张等为载体的职业道德规范，人们可以直接通过感性的视觉认识来知晓职业道德。图书馆职业道德有许多具体内容构成，这些内容共同把馆员的思想言行引导到符合图书馆工作规律的方向上，规范馆员的价值取向，在图书馆内部产生价值凝聚作用，对馆员的思想言行产生一种向导和约束作用，促进馆员职业生涯的健康发展。

图书馆职业道德作为馆员在工作中应当具有的道德观念和道德品质，根源于图书馆实践工作，又受制于图书馆工作的本质和职能，指导馆员的行为"应该如何"，同时符合一定的道德目的。例如我们以"应该热情服务读者"和"不应该冷漠对待读者"为例，在这两种职业道德中，图书馆工作人员根据其不同的道德目的来做出取舍，"热情服务读者"是图书馆工作人员和读者之间开展交流的基本要求，满足了读者的切身利益，也保障了图书馆工作的高质量发展，符合读者和图书馆双方的利益，具有良好的效用，反之，"冷漠对待读者"在图书馆工作人员和读者之间建立起交流的隔阂，不符合双方的利益，没有良好的效用。

图书馆职业道德是根据价值的效用来制定的，接下来我们就需要理解人们是如何从大量的职业实践活动中推论出职业道德规范，这是一个以价值判断为中介的推理过程。我们知道一切事物都分为两类，即"主体与客体"，其中客体又包含了"价值与事实"，客体中的"价值"不能单独存在，必须依赖"主体"的情感需要和主观欲望，客体中的"事实"可以独立存在，只要馆员从事各种图书馆实践活动，就必定会产生大量的客观工作事实记录。我们理解图书馆职业道德形成的思路可以这样展开：图书馆职业道德的正式确立可以经过"事实"—"价值判断"—"应该"这样的多重推导过程来实现。我们该如何理解这样的逻辑推理过程呢？我们知道图书馆职业道德的确立离不开对大量实践活动中的客观规律的掌握以及对各种行为后果的价值判断选择，例如在图书馆职业道德中我们应该"发扬团队精神"，这样的职业道德要求是这样推论出来的：图书馆的工作是一个整体相互协商的工作模式，很难做到泾渭分明的业务切割，这是基于客观现实的"事实"，馆员在充分认识到这一客观事实的基础上进行价值判断，对发扬团队精神这种行为后果的利弊进行权衡比较，如果认为这种行为可以给读者和图书馆的工作带来"好"与"利"的正价值，馆员便将其归纳确定为自身应该遵守的职业规范，相反，倘若这种行为给读者和图书馆的工作带来了"坏"与"害"的负价值或者带不来正价值，那么馆员就会否定上述做法，自然相应的职业道德规范也无法确立了。

综上所述，我们不难发现图书馆职业道德中的"休谟问题"其实是对道德规范的形成进行推理，职业道德规范的形成离不开其中的价值判断和价值因素。图书馆职业道德规范的确立是一个逻辑推理的过程，价值判断构成了图书馆职业道德中联系"是"与"应该"的逻辑通道。人们制定各种职业道德规范，首先需要在尊重客观事实的基础上分析其中的价值因素，继而进行相应的价值判断，理性认识一种行为是否可以带来正价值，如果一种行为给图书馆的工作带来了正价值，有利于提升图书馆的服务工作，那么人们就会把这种行为确定为"应该"遵循的规范，反之则制定为"不应该"遵循的规范。在图书馆职业道德的内涵中，各种职业道德规范是价值判断的表现形式，价值判断又是价值的表现形式，如此，各种职业道德规范和价值判断一样，都是价值的表现形式，两者的区别在于价值判断是价值最直接的表现形式，是价值在人脑中的反映和理性思维过程，各种职业道德规范是价值的间接表现形式，主要是通过馆员的行为表现出来。可以说，我们解答图书馆职业道德中的"休谟问题"有助于我们全面理解日常工作中的各种职业道德是如何确定的，这并不是一个简单的人为拍板结果，而是一个以价值判断为中介的思维推理过程。

8.5 结　语

图书馆职业道德是馆员日常工作的思想行为规范指南，确保了图书馆日常工作的有效开展，提升了馆员的职业能力。图书馆职业道德属于伦理学的研究对象之一，我们研究其中的"休谟问题"，不仅是一种具有认识论意义的研究成果，而且广泛渗透和融合在图书馆职业道德研究的各个具体领域中，有助于我们提高对图书馆职业能力研究的"海拔高度"。本章以一家之言对图书馆职业道德中的"休谟问题"进行了解读和研究，也期待与同行不断切磋交流，以便继续深化这一领域的理论研究成果。

参考文献

[1] 休谟. 人性论 [M]. 关文运，译. 北京：商务印书馆，1980：509－510.

[2] 黄俊贵. 21世纪中国图书馆的大事：感评《中国图书馆员职业道德准则（试行）》[J]. 图书馆学刊，2004（1）：1－2.

[3] 肖希明. 论图书馆职业精神 [J]. 图书馆论坛，2004（6）：64.

[4] 范并思. 图书馆精神的历史缺失 [J]. 新世纪图书馆，2004（6）：3－8.

[5] 程焕文，周旖. 迈向图书馆行业自律时代——关于图书馆职业道德与图书馆权利的几点思考 [J]. 国家图书馆学刊，2006（3）：37－43.

[6] 张靖，吴顺明. 从世界图书馆员职业道德规范看知识自由与图书馆 [J]. 图书馆建设，2004（5）：9－11.

[7] 楚丽霞. 论图书馆职业道德的时代特征与建构 [J]. 图书馆工作与研究，2005（1）：14－17.

[8] 黄亚男. 合理运用道德体验模式加强图书馆职业道德建设 [J]. 图书馆，2007（1）：85－88.

[9] 盘美英. 基于伦理本质的图书馆职业道德保障研究 [J]. 情报资料工作，2009（5）：87－90.

[10] 张世良. 我国图书馆职业道德建设反思 [J]. 图书馆建设，2010（10）：106－108.

[11] 杨萍. 试论图书馆职业道德的三个层面 [J]. 图书馆论坛，2011（2）：163－165.

[12] 于厚海. 图书馆职业道德研究的时代跨越和理念升华——新世纪10年我国图书馆职业道德研究回顾与展望 [J]. 图书馆建设，2013（2）：13－15.

[13] 李清，张馨. 二十一世纪我国图书馆职业伦理研究综述 [J]. 高校图书馆工作，2015（4）：7－11.

[14] 刘晓琳. 从图书馆历史名人的职业道德精神谈高校图书馆职业道德的传承和创新 [J]. 当代图书馆，2016（3）：33－35，43.

[15] De Souza, Francisco das Chagas. Ethics in the librarian profession context [J]. Perspectivas em Ciencia da Informacao, 2007, 12（1）：136－147.

[16] Yontan, Sara. Projects and Topics of Current Importance [J]. Turkish Librarianship, 2009, 23（4）：891－893.

[17] Prrer, J. Special Libraries. Special ethics for special librarians? [J]. Special Libraries, 1991, 82（1）：12－18.

［18］Prentice, A E. Professional ethics（Librarianship）［J］. Catholic Library World, 1984, 56（4）: 180 – 183.

［19］Morán, Ariel. Ethical dimensions of librarianship: Relevant points to consider the possibility for a new code of professional ethics for librarians in Mexico［J］. Perspectivas em Ciencia da Informacao, 2017, 22（3）: 143 – 157.

［20］Lamdan, Sarah Shik. Why library cards offer more privacy rights than proof of citizenship: Librarian ethics and Freedom of Information Act requestor policies［J］. Government Information Quarterly, 2013, 30（2）: 131 – 140.

［21］Igbeka, J. U., Okoroma, F. N. Awareness and Practice of Professional Ethics amongst Librarians in Nigeria［J］. Educational Research and Reviews, 2013, 8（15）: 1270 – 1293.

［22］Larsen, Barbara A., Sinha, Dorothy P. Librarians Embedded in Ethics［J］. Journal of Hospital Librarianship, 2016, 16（3）: 199 – 208.

［23］Kaihoi, Scott. Christian Librarians and the Ethics of the Library Bill of Rights［J］. Theological Librarianship, 2015, 8（1）: 42 – 60.

［24］Mouton, Ronél. Ethics in the public library［J］. Cape Librarian, 2017, 61（2）: 53 – 55.

［25］McMullen, Lauren. Conscience and Conduct: Ethics in the Library［J］. PNLA Quarterly, 2015, 79（2）: 35 – 38.

［26］陈鼓应. 老子今注今译［M］. 北京: 商务印书馆, 2017: 260.

［27］李波.《荀子》注评［M］. 上海: 上海古籍出版社, 2016: 7.

［28］商务印书馆辞书研究中心. 新华词典［M］. 北京: 商务印书馆, 2001: 185.

［29］朗文出版公司词典部. 当代高级英语辞典［M］. 北京: 商务印书馆, 1998: 502.

［30］商务印书馆辞书研究中心. 新华词典［M］. 北京: 商务印书馆, 2001: 1265.

［31］朗文出版公司词典部. 当代高级英语辞典［M］. 北京: 商务印书馆, 1998: 1061.

［32］商务印书馆辞书研究中心. 新华词典［M］. 北京: 商务印书馆, 2001: 470.

［33］朗文出版公司词典部. 当代高级英语辞典［M］. 北京: 商务印书馆, 1998: 1702.

9　北美高校图书馆数字学术支持人员设置调查与分析

　　近年来，北美高校图书馆纷纷通过组建数字学术支持团队、设立数字学术支持部门、建立数字学术中心等形式为用户提供数字学术支持[1]。阿比·史密斯（Abby Smith）认为：数字学术涉及使用数字证据和方法、数字创作、数字出版、数字策管和保存，以及学术的数字使用和再利用[2]。广泛地讲，数字学术包括：模拟媒体数字化和重新格式化各种媒体、创建元数据、创建数字收藏和展览、文本编码和分析、地理空间信息和数字映射、3D 建模和数字出版、软件开发和界面设计等[3]。人员是高校图书馆开展数字学术支持的必要因素，北美高校图书馆开展数字学术支持较早，并且不断完善数字学术服务。了解北美高校图书馆数字学术支持人员的构成、职责与技能等，对我国高校图书馆设置此类服务人员、开展数字学术支持具有积极的借鉴意义。目前，我国的介凤、盛兴军及笔者都已经在北美高校图书馆数字学术支持的研究中谈及了数字学术支持人员[1,4,5,6]。但现有文献尚未对北美高校图书馆数字学术支持人员的构成、职责及技能要求等进行专门全面地调查研究。

　　北美研究图书馆协会（Association of Research Libraries，ARL）的成员是美国和加拿大的研究图书馆。该协会在获得 73 个高校成员馆（以下简称"ARL 成员馆"）关于数字学术支持的调查反馈后，于 2016 年 5 月发布了《SPEC Kit 350：支持数字学术》（*SPEC Kit* 350：*Supporting Digital Scholarship*）调查报告（以下简称"报告"），报告对北美高校图书馆数字学术支持人员的构成进行了较为详尽的说明[3]。报告的调查者将数字学术活动分为元数据创建、制作数字收藏、数据策展与管理、数字保存等 19 种[6]，并围绕这 19 种数字学术活动开展调查。同时，笔者于 2017 年 7 月中旬至 8 月上旬，查找了美国图书馆协会的 JobLIST 网站、北美研究图书馆协会的 Job Announcements 网站等网站发布的北美高校图书馆招聘数字学术支持人员的信息[7,8]；并通过访问部分北美高校图书馆网站数字学术服务相关页面的方式，获得关于数字学术支持人员的信息。笔者以报告中关于数字学术支持人员的内容为主要信息源，以后述两种方式获得的信息为辅助信息源，分析北美高校图书馆数字学术支持人员的设置情况，以期为我国高校图书馆提供借鉴。

9.1　数字学术支持人员的数量与类型

9.1.1　数字学术支持人员的数量

ARL 成员馆在不同数字学术支持活动中安排的人员数量不尽相同。①就单个成员馆支持每种数字学术活动的人员数量来看，支持数字化、数字保存、制作数字收藏、元数据创建、GIS 和数字映射的人员占本馆全部数字学术支持人员的比例都达到了 92% 以上。②从支持单项数字学术活动的人数来看，每项活动支持人数的最小值为 0.25，最大值为 30，绝大多数数字学术活动（10 种活动）都是至少有 1 人负责，绝大多数数字学术活动的最大支持人数为 9 ~ 15 人（12 种活动）。比如，在可视化、统计分析/支持、GIS 和数字映射等 6 种数字学术活动中，被调查者填写的近似数为0.25，说明这些图书馆的上述数字学术活动支持工作是由兼职人员负责。③从支持单项数字学术活动人数的平均值来看，平均值在 2.42 ~ 6.55 之间，其中，制作数字收藏、项目计划、数字化、元数据创建等 4 种数字学术活动支持的平均人数都在 5 人以上，尤其是支持制作数字收藏的平均值最大，为 6.55 人。而最小平均值为 2.42 人，为计算文本分析/支持这一学术活动的支持人员。此外，编码内容、统计分析/支持、GIS/数字映射等 3 种数字学术活动的支持人数平均值也都不足 3 人[3]。

9.1.2 数字学术支持人员的类型

由于数字学术支持工作多由不同部门员工负责，而且数字学术活动类型较多，需要提供数字学术支持的人员也较多。因此，北美高校图书馆数字学术支持人员涉及的类型也较多，主要包括如下类型：图书馆员、支持员工、专业人员、档案员、研究生助理、本科生助理、实习生、访问学者等，其中，以图书馆员、支持员工、专业人员、档案员等4类人员为多数[3]。比如，华盛顿州立大学图书馆建立的数字学术与策展中心，有图书馆员、专家、档案员、访问助理教授、项目助理、研究生助理、本科生助理等类型的人员支持数字学术[9]。波士顿大学图书馆有2位图书馆员和2位专家负责数字学术服务工作[10]。

9.2 数字学术支持人员的职位

报告述及，有69个ARL成员馆提供了与支持数字学术相关活动关系最为紧密的人员的情况。按照调查的要求，每个成员馆最多提供4位此类人员的职位信息，共计获得了231个职位信息[3]。基本情况如表9-1所示。

表9-1 数字学术支持人员的职位情况

职位数量（个）	1	2	3	4
成员馆数量（个）	5	8	14	42
职位例举	数字项目馆员、数字学术馆员	数字学术实验室主任、数字图书馆服务总管	数字人文馆员、GIS馆员、可视化服务部主任、版权与数字学术中心主任	数字媒体与计算部门主管、数字化与机构库服务部门主管、研究数据与可视化协调员、数字学术专家

9.2.1　数字学术支持人员的职位类型

在职位类型方面，提供 1 个职位信息的成员馆，强调的是负责协调或支持一些项目的工作人员；在提供 2 个职位信息的成员馆中，每个成员馆提供的一个职位多是上层管理职位，另一个职位多是具有特定功能的职位；提供 3 个职位信息的成员馆较多的提供了 GIS 和地图、数字分析、各相关部门的主任等职位，也涉及了开发人员、可视化专家和学术交流支持等职位；提供 4 个职位信息的成员馆提供的职位涉及的作用和工作更加广泛，职位从高级管理人员、教师、学科事务专家、协调员，到各种单一的职位，比如创客空间、可视化、机构库管理人员等。ARL 成员馆提供的职位中，馆长及副馆长等高层主管、部门主任所占比例为 8 成以上，其他为各种专业馆员，由此可知，ARL 成员馆的高层主管、部门主任与数字学术支持工作关系紧密。ARL 成员馆提供的这种职位和作用的广泛性说明，很多成员馆已经建立了良好的数字学术支持参与文化；同时，这些职位所涉及的高级职位的数量多，也说明数字学术支持已经成为研究过程的重要组成部分，而不再是小众服务[3]。

9.2.2　数字学术支持人员的职位设立时间与方式

从数字学术支持人员的职位设立时间来看，最长的为 21 年，最短的为 1 个月，平均值为 4.6 年；其中，在该职位工作 5 年及以下的人员占 74%，在该职位工作 6 年及以上的人员占 26%。可见，北美高校图书馆设立的数字学术支持职位在近 5 年才大幅增加。从职位设立的方式看，在 231 个职位中，有 106 个职位（占 46%）为新设立的职位，有 87 个职位（占 38%）为已经具备恰当技能的职位，有 38 个职位（占 16%）为在现有职位中增加数字学术支持职责的职位。可见，ARL 成员馆开展的数字学术支持工作既有图书馆原有的工作，也有随着数字学术发展而新增加的工作。在 231 个职位中，有 217 个职位为永久性的全职职位，有 4 个职位是永久性的兼职职位，有 10 个职位是限期职位，这些限期职位通常是受基金支持，融入图书馆员工层次结构和角色中，是图书馆任务规划的一部分。这种永久性的职位人员安排能够保证数字学术支持工作持续性开展。比如，在职位设立方式方面，有成员馆说明：2015 年，为了满足日益增长的数字学术需求，创建了一些图书馆员工角色；数字学术支持职位将数字化、知识库和数字出版等工作汇集到一起，以更好的处理学者的项目，以及开放存取出版的要求。还有成员馆说明：目前的数字出版和保存馆员职位由先前的元数据馆员职位重新定义而来，由于原职位人员已经离任，但是，先前的元数据馆员职位已经自 2007 年起承担数字学术支持工作[3]。由此可见，随着数字学术的发展，ARL 成员馆通过设立新的数字学术相关职位、增加原职位的职责范围等方式进行人员配置，为数字学术工作提供系统全面的支持。

9.3　数字学术支持人员所属部门

报告述及了 221 个职位所属部门的信息，共涉及 130 个部门，其中有 43 个部门的名称含有"数字的"（digital）一词，比如，数字学术中心、数字学术服务部门、数字人文中心、数字计划服务部门、数字图书馆服务部门等。调查显示，开展数字学术支持较多的图书馆基本建立了数字学术中心。数字学术工作也有其他专门的部门等比较广泛的部门提供分布式的支持，比如，学术交流、数字化服务、元数据服务、机构库、数字保存等部门；地图图书馆、科学图书馆、工程图书馆、社会科学图书馆，以及档案与特色馆藏部、多媒体与媒体图书馆、数据服务与支持部、创客空间等图书馆或部门也提供专门的数字学术支持[3]。比如，莱斯大学图书馆组建了由不同部门构成的数字学术服务组，包括：数字媒体共享空间、GIS 数据中心、Kelley 政府信息中心、数据和地理空间服务部，由这些部门提供分布式的数字学术支持[3]。

9.4　数字学术支持人员负责的工作

报告述及，231 个职位中的许多人继续致力于传统的图书馆项目，包括：制作数字收藏、数据策展和管理、数字保存和元数据创建。数字学术支持职位人员从事最多的工作是项目规划（占 30%）、项目管理（占29%）；同时，有 79% 的职位人员将项目规划、67% 的职位人员将项目管理作为其负责的三项主要工作之一。调查也发现，北美高校图书馆已经转向从整体的角度理解数字研究和数字学术，并正在考虑其工作计划和招聘中的变化和发展。负责每项工作的职位数量显示，这些数字学术支持工作是高度分布式的，甚至比较多的技术和信息技术工作或者管理工作也是由图书馆大量的人员提供支持。比如，分别有 47%、37%、38% 的职位人员支持数字出版、可视化、界面设计/可用性，而这些工作之前多是图书馆外包的工作。然而，仅有不足 10% 的人员主要负责 3D 建模和出版、数据库开发、统计分析、技术维护、软件开发等工作，从事这些工作的人员可能集中在数字学术中心[3]。

在具体职位人员对于数字学术支持工作的贡献方面，比如，有成员馆说明：该馆有 2 个元数据馆员按比例分配时间来支持数字学术，这对于使大型数字项目成为可能发挥重要作用。由于元数据馆员支持数字项目，从数字化材料的大型数据库可以搜索到创建的动态历史网络地图，以及经转录的手稿的 TEI 编码的数字版本，使得在实现项目的功能和可用性方面至关重要[3]。再比如，德克萨斯大学奥斯汀分校图书馆招聘地理信息系统和地理空间数据协调员时说明：该职位人员属于数字学术部门，具体负责：开发和实施该图书馆内部的集中式 GIS 服务；与该图书馆信息技术部合作，建立和发展支持 GIS 相关数字项目、研究和教学所需的基础设施和相关解决方案；设计和管理空间化的数据库，以支持使用和访问该图书馆的地理空间数据集等[11]。

9.5 数字学术支持人员的学位与技能

9.5.1 数字学术支持人员的学位

报告中述及了 228 个职位人员的学位信息。其中，228 个职位人员都具有文科学士学位/理科学士学位，152 个职位人员具有图书情报硕士专业学位/图书情报学硕士学位，121 个职位人员具有文科硕士学位/理科硕士学位，50 个职位人员具有博士学位。在具有博士学位的人员中，大多数是人文学科的博士（尤其是英语、文学、历史学科）、社会科学博士、信息和图书馆学博士；一些是地理科学博士；少数是病理学博士、分子医学博士、计算机科学博士。获得文科硕士学位/理科硕士学位的人员的学科更加广泛，比如人文科学、图书情报科学等，这些人员中也有著名的美术和设计学位、跨学科的学位，以及更加多样的科学和医学学位。绝大多数具有文科学士学位/理科学士学位的人员的学科都是人文科学和社会科学[3]。可见，北美高校图书馆的数字学术支持人员具有较高的学位，并且人员所学的学科类别较多。有的北美高校图书馆的数字学术支持人员普遍具有较高的学位，比如，埃默里大学图书馆共有 39 位数字学术支持人员，其中有 33 位具有博士学位或为在读博士，有 3 人具有硕士学位，另外 3 人具有学士学位。而且，该馆数字学术支持人员的学科类别也较多，涉及人文科学、社会科学、自然科学等[12]。

9.5.2 数字学术支持人员的技能与能力要求

本小节从北美高校图书馆招聘数字学术支持人员的信息入手进行分析。北美高校图书馆数字学术支持人员的技能与能力主要包括两个方面：与工作职责相关的知识和经验、个人能力。

（1）与工作职责相关的知识和经验。北美高校图书馆重视数字学术支持人员所具备的与所负责工作相关的知识和经验。比如：①伊利诺伊理工学院图书馆招聘的数字学术馆员，属于数字学术部，其主要职责为：为伊利诺伊理工学院社区提供数字学术与出版所需的资源，为教师和研究人员在数字学术、学术出版、开放获取、学术交流等方面使用工具和相关实践，提供服务、技术专业知识、培训和支持；担任开放出版、数字人文项目和在线展览等学术和出版交叉学科项目的协调员。该职位人员的知识和经验要求为：在学术或研究图书馆工作的经验；网络出版和数字内容创作的经验；管理数字学术、数字人文或相关领域的经验和技能，如存储库服务、数字出版或学术交流；在学术环境中提供指导的经验[13]。②布朗大学图书馆招聘的数字人文馆员，属于数字学术中心，其主要负责：为教师的数字人文项目提供直接的支持、咨询和项目管理；在使用已建立的和新兴的数字人文工具和技术方面为研究生和本科生提供指导和支持；与各级研究人员合作，在数字学术工具和技术方面提供专家咨询、支持和培训，包括但不限于数字策展软件、文本分析、数据挖掘、映射、社交网络分析和数据可视化；与布朗大学数字机构库工作人员紧密合作，为实现教师和学生项目的可持续发展而参与软件开发、元数据创建、保存和最佳实践。该职位人员的知识和经验要求为：在学术图书馆或数字人文相关职位工作3年的经验，使用 TEI、可视化、文本/网络分、通用脚本语言、HTML5 和相关网络技术等数字人文科学的技术和标准的知识和经验；当前学术交流方面的知识[14]。③芝加哥大学图书馆招聘的地理空间系统与地图馆员（GIS and Maps Librarian），其主要职责为：在支持使用地理空间数据和工具方面提供参考、咨询和指导；获取、操纵或查询地理空间数据，并与图书馆工作人员和其他校园专家协作工作，以改善数字地理空间资源的可及性，并进行保存数字地理空间资产的规划；提供 GIS 软件应用指导、开发在线资源，以帮助用户。该职位人员的知识和经验要求为：地理学或相关领域的经验；了解一个或多个桌面或基于云的 GIS 软件应用程序；了解一种或多种计算机编程语言；熟悉一个或多个统计和/或定性分析软件包[15]。

（2）个人能力。北美高校图书馆对数字学术支持人员的个人能力也有相应的要求，主要涉及沟通能力、合作能力、表达能力等方面。比如，德克萨斯大学奥斯汀分校图书馆要求地理信息系统和地理空间数据协调员具有的个人能力为：愿意采取创新的方法迎接新的挑战、解决问题；表现出良好的人际关系技能，专业的团队导向态度，以及与教职员工建立积极、富有成效的合作的能力；能够亲自以书面形式有效沟通，包括向非技术观众传达技术概念设施的能力；在完成多个同时进行的项目中表现出主动性和幽默感，以及在快节奏、不断变化的工作环境中高度容忍不确定性[11]。布朗大学图书馆要求数字人文馆员具有的个人能力为：良好的沟通和人际交往能力；强大的公开演讲技巧；具有主动性、灵活性，以及独立工作和作为团队成员的创造性和有效工作的能力[14]。

9.6　启　　示

9.6.1　适时设立数字学术支持职位

　　北美高校图书馆的数字学术支持职位中，有40%多为新设立的职位，通过设立新职位创新性地开展服务工作。我国高校图书馆也需要随着用户需求的变化创新服务，我们可以借鉴北美高校图书馆的做法，适时设立数字学术支持职位。首先，高校图书馆在设立数字学术支持职位之前，应了解我国高校图书馆服务的发展趋势，了解本校用户的实际需求，并考虑到本馆的实际情况。这就需要进行必要的调研，调研国内服务体系较完善的著名高校图书馆开展的服务情况，调研主要用户群体的服务需求，对现有服务进行评估，进而确定数字学术支持职位的类型。比如，设立数字学术馆员、数据馆员、学术交流馆员、数字人文馆员、地理信息系统馆员等。其次，设立数字学术支持职位时应明确规定职位职责，作出对于职位人员的知识、技能与个人能力的要求，以便能够让适当的人员遵照规定履行职责，促使数字学术支持人员有序工作。再次，在数字学术支持职位人员确定方面，应采取公开招聘的方式，可以面向馆内外的人员进行招聘，以便招聘到最适合数字学术支持职位的人员。

9.6.2 以现有服务为基础开展数字学术支持

北美高校图书馆的数字学术支持职位中，有近40%的职位是原有的已经具备适当技能的职位，可以理解为，北美高校图书馆的数字学术支持工作是融合了现有服务的综合性的服务，也可以理解为，北美高校图书馆是在现有服务的基础上不断创新服务。鉴于此，我国高校图书馆应以现有服务为基础开展数字学术支持，创新服务内容。报告中将数字学术活动分为19种，其中有制作数字收藏、数字保存、模拟材料的数字化、数据库开发等，国内也有较多的高校图书馆开展了类似的工作。比如，已经建立了特色数字收藏的高校图书馆，应借助于新兴的技术工具，更加有效地开发这些特色数字收藏，并利用这些特色数字收藏为用户开展相关的研究工作提供支持。再比如，国内一些高校图书馆建立了机构知识库，这些高校图书馆可以在此基础上，为用户提供数据存储服务。此外，我国高校图书馆也可以在本馆已经开展的服务的基础上，开展数字工具、新兴技术的推介与技术支持服务。比如，在开展信息素养教育的基础上，以讲座的形式开展新兴数字技术工具方面的宣传与推广工作，让更多的人员了解数字技术；在开展嵌入式服务的基础上，以嵌入研究人员的研究项目或教师课程中的方式提供深入的数字技术支持，从而为相关人员更好地开展数字学术工作提供技术支持。

9.6.3 构建以少数人员为主、其他人员参与的数字学术支持 模式

很多北美高校图书馆都是采取了多个部门的人员共同开展数字学术支持的模式，而且，建立了数字学术中心的图书馆，其数字学术支持以数字学术中心的人员为主。鉴于此，我国高校图书馆可以构建以少数人员 A 为主、其他人员 B 参与的数字学术支持模式。这里的少数人员 A 是指负责图书馆开展的长期式的数字学术支持工作的人员，其负责日常数字学术支持工作。其他人员 B 是图书馆其他多个部门的人员，B 具有一定的技能，能

够胜任图书馆的某种或某些数字学术支持工作。B 在完成本职位工作的基础上，根据图书馆开展数字学术支持工作的安排，适当分配时间，完成数字学术支持工作。由 A 负责与 B 的沟通、协调工作。这种数字学术支持模式，有利于高校图书馆根据实际服务工作的安排，确定参与数字学术支持的人员，也有利于让图书馆员各尽其能。采用这种模式时，应注意调动其他人员 B 协作工作的积极性，将其参与数字学术支持工作作为其正常工作的一部分，而不是作为需要加班完成的额外工作，以便保证其主动高效地完成工作。

9.6.4　尽量安排部门主任或高级技术职务人员参与数字学术支持工作

ARL 成员馆提供的数字学术支持职位中，馆长及副馆长等高层主管、部门主任所占比例远多于其他各种专业馆员，这对促进数字学术工作的协调具有重要意义。鉴于此，我国高校图书馆可以尽量安排部门主任或高级技术职务人员参与数字学术支持工作，使部主任、高级技术职务人员成为参与数字学术支持工作的其他人员 B 的一部分。部主任往往是图书馆中具有某种专业技能的中坚力量，部主任参与数字学术支持工作，不仅有利于不同部门人员参与数字学术支持工作的协调，也有利于部主任更好地施展才华。同时，图书馆的高级技术职务人员，也都在职位技能、个人能力等方面具有出众之处，也是参与数字学术支持工作的最佳人选。此时，需要注意的是，并不是安排所有的部主任、高级技术职务人员参与数字学术支持工作，而是根据图书馆开展的数字学术支持工作的需要，以及这些人员自身的专业技能情况，综合考虑人选。

9.6.5　建立层次较高的数字学术支持人员团队

北美高校图书馆的数字学术支持人员多具有硕士及以上学位，并且涉及较广泛的学科背景；北美高校图书馆在招聘数字学术支持职位人员时，对其技能与能力等都有明确的要求，这也体现了北美高校图书馆的数字学术支持人员整体处于较高的层次，能够很好地胜任数字学术支持工作。鉴于此，我国高校图书馆应建立层次较高的数字学术支持人员团队。首先，在数字学术支持人员的学位方面，应选聘硕士及以上学位的人员，并且优先考虑具有数字学术支持工作相关的学科背景的人员。其次，在技能方面，应选聘已经具备相应技能的人员，当缺乏相应技能人员时，应选派具有学习主动性的人员先参加相应的技能培训。再次，在个人能力方面，应结合具体负责的数字学术支持工作，确定人员应该具备的能力，再优先选聘已经具备所需能力的人员。比如，选聘具有沟通、合作能力，创新工作能力较强的人员等。

9.7　结　　语

新业态环境下，图书馆转型、图书馆员新型能力等成了"热词""高频词"。文献资源载体在变化，信息技术在进步，社会在进步，专业馆员职业能力也需要与时俱进。只有通过新型能力建设，图书馆员变身为知识资源建设的发现者与组织者，变身为隐性知识资源的提供者、知识资源内容的评价者和知识资源价值增值的驱动者，图书馆才能真正实现业务转型，为用户提供高质量的知识服务，从而实现其社会价值。本章对美国研究图书馆协会发布的《SPEC Kit 350：支持数字学术》报告、美国图书馆协会及美国研究图书馆协会网站发布的招聘信息、北美高校图书馆数字学术服务页面等涉及的数字学术支持人员的相关信息进行分析，能够揭示北美高校图书馆数字学术支持人员的数量与类型、职位、负责的工作、学位与技能。研究北美高校图书馆数字学术支持人员设置情况对我国高校图书馆具有借鉴意义。我国高校图书馆应适时设立数字学术支持职位，以现有服务为基础开展数字学术支持，构建以专门人员为主、其他人员参与的数字学术支持模式，尽量安排部门主任或高级技术职务人员参与数字学术支持工作，建立层次较高的数字学术支持人员团队。

参考文献

[1] 鄂丽君. 美国部分大学图书馆的数字学术支持考察与启示 [J]. 图书情报工作, 2017, 61 (10)：74 - 80.

[2] Abby Smith Rumsey. Scholarly Communication Institute 9：New - Model Scholarly Communication：Road Map for Change [EB/OL]. [2017 - 08 - 02]. http：// www. uvasci. org/institutes - 2003 - 2011/SCI - 9 - Road - Map - for - Change. pdf.

[3] ARL. SPEC Kit 350：Supporting Digital Scholarship (May 2016) [EB/OL]. [2017 - 08 - 02]. http：//publications. arl. org/Supporting - Digital - Scholarship - SPEC - Kit - 350/.

[4] 盛兴军，介凤，彭飞. 数字环境下大学图书馆空间变革与服务转型研究——以美国布朗大学图书馆为例 [J]. 图书馆论坛, 2017 (5)：133 - 143.

[5] 介凤，盛兴军. 数字学术中心：图书馆服务转型与空间变革——以北美地区大学图书馆为例 [J]. 图书情报工作, 2016 (13)：64 - 70.

[6] 鄂丽君. 北美高校图书馆数字学术支持现状及启示——ARL《SPEC Kit 350：支持数字学术》调查报告分析 [J]. 图书情报知识, 2017 (4)：39 - 46.

[7] ALA. JobLIST [EB/OL]. [2017 - 08 - 03]. http：//joblist. ala. org/jobseeker/ search/.

[8] ARL. Job Announcements [EB/OL]. [2017 - 08 - 03]. http：//www. arl. org/leadership - recruitment/job - listings#. WYSCBfmEDbo.

[9] WSU LIBRARY. Our People [EB/OL]. [2017 - 08 - 03]. http：//cdsc. libraries. wsu. edu/people/.

[10] Boston University. DiSc Staff [EB/OL]. [2017 - 08 - 03]. http：//www. bu. edu/ disc/about/staff/.

[11] University of Texas. Job Posting [EB/OL]. [2017 - 08 - 04]. https：//utdirect. utexas. edu/apps/hr/jobs/nlogon/170731019708.

[12] Emory University Library. Our People [EB/OL]. [2017 - 08 - 04]. http：//digital-scholarship. emory. edu/about/people/index. html.

[13] ILLINOIS INSTITUTE OF TECHNOLOGY. DIGITAL SCHOLARSHIP LIBRARIAN [EB/OL]. [2017 - 08 - 03]. http：//library. iit. edu/sites/default/files/Digital-ScholarshipLibrarian. pdf.

[14] Brown Career Site. Digital Humanities Librarian [EB/OL]. [2017 - 08 - 04].

https：//brown. wd5. myworkdayjobs. com/en – US/staff – careers – brown/job/John –
D – Rockefeller – Jr – Library/Digital – Humanities – Librarian_REQ136748.

［15］University of Chicago. Posting Details ［EB/OL］. ［2017 – 08 – 04］. https：//aca-
demiccareers. uchicago. edu/applicants/jsp/shared/position/JobDetails ＿ css. jsp？post-
ingId = 181574.

附录1　高校图书馆专业馆员职业能力认识与需求调查

尊敬的专家/同仁：

您好！本问卷旨在了解我国高校图书馆专业馆员职业能力认知与需求的情况，征求您对高校图书馆专业馆员职业能力的宝贵建议，并据此做出分析判断，为促进高校图书馆专业馆员职业能力发展提供借鉴与参考。本问卷采集的信息仅供学术研究之用，您的每项回答对我们都很重要！感谢您的大力支持！

教育部人文社会科学研究青年基金项目（编号：15YJC870020）课题组

Email：751905268@qq.com

术语说明：

专业馆员：依据《普通高等学校图书馆规程》（教高〔2015〕14号），专业馆员一般应具有硕士研究生及以上层次学历或高级专业技术职务，并经过图书馆学专业教育或系统培训。

职业能力：指专业人员为执行专业工作所应具备的专业领域相关知识与技能。

一、您的基本情况

1. 学校（请填写）：

2. 性别：

　A. 男　　　　B. 女

3. 年龄：

　A. 30岁以下　B. 30～39岁　　C. 40～49岁　　　D. 49岁以上

4. 职称与学历：

（1）职称：

A. 正高   B. 副高

C. 中级   D. 初级

E. 其他

（2）学历：

   A. 博研   B. 硕研

   C. 本科   D. 大专

   E. 其他

5. 所在部门和职务：

（1）部门：

   A. 行政部门   B. 资源建设部

   C. 参考咨询部   D. 读者服务部

   E. 信息技术部   F. 其他_____

（2）职务：

   A. 馆长/书记   B. 副馆长/副书记

   C. 部主任   D. 无

二、认知与需求调查

6. 贵馆专业馆员比例为：

   A. ≥50%   B. 40% +   C. 30% +

   D. 20% +   E. 10% +   F. <10%

   G. 不清楚

7. 贵馆是否实行了或正在酝酿专业馆员和辅助馆员的分类管理？

   A. 已经实行   B. 正在酝酿   C. 目前还没有   D. 不清楚

8. 您认为图书馆哪些岗位最需要专业馆员？（可多选）

   A. 学科服务   B. 资源建设

   C. 技术支撑   D. 图书馆管理

   E. 其他_____

9. 您作为高校图书馆馆员，已具备以下哪些职业能力？（可多选）

   A. 信息素养

   B. 基础业务能力（英文文献阅读能力、计算机应用能力等）

C. 岗位业务能力（岗位相关基础知识、岗位操作技能等）

D. 创新能力（服务项目及内容创新、服务方式创新等）

E. 服务能力（为用户提供服务的实效、准确性、与用户沟通能力等）

F. 职业道德（主动服务的意识、提供优质服务的意识等）

G. 学术研究能力（开展科研课题研究、撰写专业研究论文的能力）

F. 其他_____

10. 您认为高校图书馆专业馆员应具备哪些职业能力？（可多选）

A. 信息素养

B. 基础业务能力（英文文献阅读能力、计算机应用能力等）

C. 岗位业务能力（岗位相关基础知识、岗位操作技能等）

D. 创新能力（服务项目及内容创新、服务方式创新等）

E. 服务能力（为用户提供服务的实效、准确性、与用户沟通能力等）

F. 职业道德（主动服务的意识、提供优质服务的意识等）

G. 学术研究能力（开展科研课题研究、撰写专业研究论文的能力）

F. 其他_____

11. 贵馆为提高馆员职业能力开展的培训工作包括：（可多选）

A. 馆员职业道德培训　　　B. 图情基础知识培训

C. 岗位技能培训　　　　　D. 无

E. 其他_____

12. 《普通高等学校图书馆规程》要求："高等学校应将图书馆专业馆员培养纳入学校的人才培养计划，重视培养高层次的专家和学术带头人。鼓励图书馆工作人员通过在职学习和进修，提高知识水平和业务技能。"

（1）贵馆是否重视培养高层次的专家和学术带头人？

A. 重视（请选择：a. 制定了激励措施　b. 无激励措施）

B. 不重视

（2）贵馆是否正在酝酿或已经出台"馆员在职学习和进修"计划？

A. 已经制定该类计划　　　B. 正在酝酿该类计划

C. 无　　　　　　　　　D. 不清楚

（3）您是否有过在职学习或进修的经历？

A. 是（请选择：a. 国外学习或进修　b. 国内学习或进修）

B. 否

13. 贵馆近三年来新进馆人员（含人事代理等）的学历情况：（可多选）

A. 博研　　　B. 硕研　　　　C. 本科

D. 专科及以下　　　　　　E. 不清楚

14. 您对高校图书馆专业馆员职业能力有何其他意见或建议？（比如专业馆员应该是什么样子？专业馆员应该具备哪些职业能力？可结合自身所在岗位谈）

附录 2　研究随笔

说明：研究过程中，王启云在科学网图谋博客中发布过多篇知识性与可读性较强的研究随笔，特此予以选编，按撰写时间排序。希望有助于图书馆学研究更加有趣有味有力量。

我的基金故事

2015 年度教育部人文社会科学研究一般项目 9 月 10 日发布立项通知，我拥有了第一项省部级项目。从公示之日起，陆续有师友向我道喜，还有师友曾提出希望我介绍经验。我想简述一下我的基金故事。

2003 年开始，张厚生先生邀请我参加其主持的江苏省社科基金项目，2004 年项目结题时将我列为第 4 完成人。2005 年 2 月，张厚生先生指导我撰写国家社科基金项目本子，2005 年的春节前后那几天我晚上住在张先生家里，白天在办公室修改申请书。2006 年参与我的研究生导师的国家社科基金项目申报，并成功立项，2010 年结题时将我列为项目完成人之一。2011 年我的研究生导师又邀请我作为其主持的国家社科基金项目课题组成员。2008 年我研究生毕业之后，主持完成两个校内课题，经费合计 8 千元，除此之外，作为"主力"完成两项课题。我先后申报过教育部项目、江苏省社科基金项目，未能成功。到 2014 年 5 月时，我没有任何项目（包括参与）。自那时起，我在找寻机会，甚至开始考虑两手准备，一手是继续找机会申报，另一手是朝国家社科基金项目后期资助项目努力。

十二年来，我对图情类各级各类项目（包括国家自然科学基金）保持持续关注，对校内科研政策亦保持关注。我在职称晋升方面接连受挫，导致我的可作为空间受到了严重挤压。我的实际是，2015 年很可能是我最后一次申报省部级以上项目的机会，因为我的学历是硕研，职称是中级，年龄也大了。我希望搏一把，我的目标是朝教育部青年项目努力。《2015年度国家社会科学基金项目申报公告》2014年12月10日发布，其中有"2015年度国家社会科学基金项目课题指南"，我从中物色选题。《教育部社科司关于2015年度教育部人文社会科学研究一般项目申报工作的通知》2014年12月23日发布，我开始收集资料，阅读资料，物色课题组成员……

计划不如变化。妻子忙完博士毕业相关手续之后，亦着手申请国家自然科学基金，一直到小孩幼儿园放假才回家。紧接着一家三口回岳父母家过年（很多年没回去过），2015年2月26日回家。妻子在岳父母家偶尔改改本子，我的"本子"还处于"腹稿"阶段。2015年3月10日是共同的截止日期。那一段时间，真是忙坏了。我是赶在2015年3月9日提交学校审核，妻子的由于国家自然科学基金系统问题，缓了数天才完成提交。我的初稿完成之后，多位师友提供了指导和帮助，受益匪浅。妻子的申请未能获批（只有一位专家建议资助），我觉得颇为可惜，因为其近年的辛勤付出，我耳闻目睹。

教育部项目7月20日公示，算是第一时间友人告诉我消息，我自己放下饭碗进行查实。当发现"金榜题名"时，有一种"心想事成"的快慰，妻子也由衷为我高兴。随后，好些师友向我表示祝贺。我当时的回复是："谢谢诸位老师的关心！生命不息，折腾不止。有'得'也有'失'。2015年7月13日教育部发文对2010年批准立项的所有未结项、申请结项未通过或经批准延期后到期未结项的项目进行清理，清单涉及2010年的课题共有2002项，2010年立项的课题共4873项（http://www.sinoss.net/2010/1116/28099.html），教育部2010年立项课题的未完成率高达41%，国家社科基金课题同样有类似情况。以上'事实数据'表明，'得'的同时，意味'失'去了很多东西。教育部每年的7月份都会清理项目，出现在被清理清单中的人，滋味估计好受不了。"

我的基金故事，故事仍将继续。为了自己的梦想，也为了不负众望，我将尽力而为，量力而行。

（2015 – 09 – 20）

我的草根审稿人生活

2015 年，"审稿人"角色占去了好些时间，有学术期刊的审稿，也有出版社学术图书的审稿（初审、复审），还有朋友或朋友的朋友委托的审稿。因为我无职称（指高级职称）、无职务（指处级及以上行政职务）、无学历（指博士学历），不能算真正意义上的审稿人。我想用"业余审稿人"一词，但个人未曾听闻有"专业审稿人"（指全职的）。后来又想用"边缘审稿人"一词，与"主流审稿人"相对，似乎也不妥。"民间审稿人"也想过，觉得还是不妥，用"草根审稿人"也许更合适。

2015 年我自身没有写学术论文投稿，一直处于忙碌中。工作中的事情不少。我的工作内容之一是数字资源采访，几乎天天要与数据库商打交道，相关调研、做预算、合同签订、合同付款、招标、宣传推广等方面事务性工作不少。工作内容之二是推进学科服务工作，这块花费了大量时间，单单是一月两期《学科服务速递》的编制与推送需要数小时。工作之余，小孩小，妻子忙，还需要不少时间打理家务、照顾小孩。在这种状态下，还想方设法将圕人堂 QQ 群坚持办下去，目前《圕人堂周讯》已出了80 期。

承蒙提携与信任，被破格做审稿人。暑假中，我拒绝了一回审稿，是让做评委的，评审的是系列内容。一开始是"爽快"地答应了邀请，后来进一步掂量了一下，"爽约"了。因为，此前相关活动关注度较高，且有较大争议。我担心人家说我不够格，让主办方及自身处于尴尬地位。如实相告，邀请人也对我的"爽约"表示理解与支持。图书的审稿，我今年刚接触，是出版社朋友在培养我，并寄予一定期望。

学术论文的审稿，今年帮审了一些。有的是朋友委托的，有的是素不相识的人找上我的。有一位老师论文投稿被退修之后，急切地找上我，我提了一些修改意见，后来顺利发表了，很开心，事后给我寄来了大包土特产，作为我的角度，完全是"意外的收获"。有过一次是我并不熟悉的人帮朋友找人在投稿前先审一审，对方很诚恳，但看了稿子之后，真是挑战我的应对能力，我都不知道该如何回答，特别是对方还点名要投某刊，其实主题完全不搭。还遇到过有直接将雏形，甚至是数百兆的资料夹发给我，让我"审稿"或指导。这种情形，让我很无奈。

时不时会有师友会问我认不认识学术期刊编辑，言外之意，是通过我求关照。图书情报期刊的编辑、出版社的编辑，我确实认识一些，还有好些属于"神交"的，但关系似乎仅限于常规的作者与编者。身为草根，我的能量非常有限。我自认为是比较"知趣"的人，有些事情我乐意做（比如推荐好稿件等），有些事情不乐意做（比如需要消耗我过多精力的事情），有些事情我不能做，有些事情我做不了……

如何看待做审稿人？学术性论文、图书的投稿，我的投稿史近20年了，数以百计的人审过我的东西（我知道的审稿人非常有限）。过去，现在及将来，都与审稿人"有缘"。我认为做审稿人，是义务、是责任、也是传承，我愿意、也乐意努力做一些工作。我是草根，平凡的心做平常的事。作为草根审稿人，我做的不够或做的不好的地方，衷心期盼各方多批评、多指正。

（2015 – 11 – 25）

学术滋味

　　2016 年，学校 1 月 10 日放假，随后两星期进行了较高强度学术活动，算是尝了尝学术滋味。大体如下：①连续 11 天，完成一篇稿子的撰写与投稿。这 11 天真是日夜兼程，已经很多年没有这样"卖命"了。②沟通一部书稿后期事宜，原以为审校工作 2015 年 10 月就结束了，没料到问题还不少。③作为合作者，沟通一则已录用论文的校样修改问题，我从来没有见过如此复杂的。④圕人堂相关事务，比如近两期周讯的发布及推进获取赞助。此外还有一些与学术相关的交流。

　　计划不如变化。1 月 22 日小孩感冒发烧，幼儿园的休业式参加不了，接下来两天夜里高烧，反反复复。今天上午是小孩参加的一个兴趣班搞的音乐会彩排，零下 15 度的天气，花了大约 1 个半小时完成彩排。安排的是第一个节目，大约一分钟结束，结束之后匆匆带到社区医院。医生检查之后，说是用药方法可取，控制住了。我和妻子还是不放心，抽血化验之后，医生说没问题，将小孩带回家。今日这样的天气，个人遇到的最寒冷天气，当年在天津上学，印象中最低气温也就零下 13 度。下午的汇报表演，13：50 就得去，表演 15：50 开始，完全结束要到 17：00 左右。我不大想让小孩去"受罪"，小孩还特别愿意去。

　　我很庆幸前些日子抓节奏抓的比较好。近 3 天这样的状态是不适合做事的，尤其是不适合"做学问"。孩子正式表演前我得到场。

　　百度百科中将学术的定义为："系统专门的学问，泛指高等教育和研究，是对存在物及其规律的学科化。"对于今天的我，我来看学术，包含"学"和"术"。"学"指的是"学习"，因为与学术搭配在一起，主要指的是探究型学习，也就是得有一定内涵：是立体的学习，要追本溯源，也要眼观六路耳听八方。"术"指得是方法和工具，同样因为与学术搭档，方法和工具一方面靠学，一方面靠造（深入学习）。

　　小时候，常听到故乡的长辈说的一句话是："学不完的打，读不完的书。""打"在故乡是指"武",学打的意思是学武,打师的意思是武师。过去光耀门楣的两种途径——崇文尚武。乡间百姓的感悟,智慧的结晶。说那句话的人,一位是1922年出生的人(注:通过查家谱查到其出生年),据家父讲,他是享受过家族学田供养读书的,高小毕业,在那个年代的乡村算是文化水平相当高的,另一位可能1923年出生的,是真的学过打。我不知道他们常说那句话有何深意,但我当前有种认同就是:这山望着那山高,学无止境。

有同行问我:图书馆学的前沿是什么?如何跟上前沿?他问我的本意是如何找论文选题。我告诉他我自己的感受。不要管前沿不前沿,要结合自己的兴趣、环境、经历与精力找选题,这样会更有收获。中国的图书馆员盛产论文;我浏览美国图情期刊文献,似乎很少是图书馆员的写的。中国的图书情报文献,很大比例是介绍英美图书馆及图情教育的。美国同行告诉我从升职角度看,在美国写文章其实是很赚便宜的,因为图书馆基本没人写东西。我问美国的学科馆员对做研究没有要求吗?美国同行告知有三个办法:各类的专业组织活动,校内(图书馆之外)的委员会活动,创造性活动(也就是写文章,很少人选择,因为最为辛苦)。交流中还获悉美国的图书馆员,很少人看LIS期刊文献,一般是馆领导看。中国的馆领导层很少看图情专业期刊的,因为他们多半是"路过",本身对图情专业及图书馆工作没多少感情。如果不是为了"制造"论文,读图情专业期刊文献的似乎不多见。当前真正要做前沿研究,非常不容易,通常要求英语读写译能力要达到一定水平,受过科学研究方法训练,能熟练运用一种或数种研究方法及研究工具,此外还得有研究与实践平台,甚至还得有发表平台才成。时下,许多"前沿",其实只是"前言"没有"后语"。如果总想着跟"前沿",很容易"迷踪"。

过去的"读书人"多追求"一举成名",加官进爵,封妻荫子……今天的"读书人",暂且不说"读书人"似乎需要重定义,不知道有没有追求?如果有,追求什么?如果说追求"学术",似乎不大靠谱,原因之一是学术评价原本与学术批评、学术争鸣等密切相关,当前的学术评价似乎迷路了?老派的或传统的追求学术之人,似乎越来越稀缺了。

作为我自己，不管算不算"读书人"，或许可以算作或想做品尝学术滋味的人。

（注：本文写作 15：09 中断……21：00 中断……21：30 续完。经历二次"熔断"后续完。）

（2016 - 01 - 24）

如何使研究更有意义?

科技论文是衡量研究者学术能力的一项重要指标,一方面"不发表就灭亡",另一方面不知道有多少属于"发表即灭亡"。

一本入选国家哲学社会科学成果文库专著(该专著中有 15 篇论文曾发表在《中国图书馆学报》等期刊上),出版 3 年,有 4 位知名教授撰写了学术书评并发表在 CSSCI 来源刊上。据读秀平台显示只有 29 家图书馆收藏,总被引 0 次(注:指被图书引用)。这本书,我自己买了一本,认为确实是具备理论意义和现实意义的优秀成果,且具有较强的"时效性"(指文献"衰老"的较快)。给我的触动是,优秀研究成果发表之后的"科学普及",甚至一般意义的宣传推广工作很不够,阻碍了其"应用价值"的进一步发挥,因而有关研究的"研究意义"也大打折扣。后续工作(或后期工作),尚需作者、读者、资助机构等利益相关者共同推动。

图谋博客从 2005 年 1 月 28 日开设起,设置有一个版块"学海拾贝——各种载体信息资源的采集与编撰",这个版块 11 年来,努力做过国内外图书情报优秀成果的"论点摘编"或"改编",其用心之一为推动"科学普及"略尽绵薄之力,希望有关成果得到更多人的关注,进一步产生社会效益。我做"论点摘编"或"改编",某种程度上是学习与模仿《新华文摘》《人大报刊复印资料》等刊物。同时,那属于较为传统的图书馆员职业能力范畴。我不知道这样的努力是否有价值?有多大价值?但有一点体会是,做此类事情的人越来越稀缺了。

拙作《图书馆学散论——科学网图谋博客精粹》(知识产权出版社,2015.12)原本有"学海拾贝"那一辑,一是那块是"用心良苦"的;二是顾及体例的完整性。书稿中曾"精选"了 20 余篇博文,出版社复审和终审专家提出了质疑,建议将该辑删除,以避免不必要的麻烦。按照"规范"来,不仅要征得作者同意,还要经得起"学术不端检测系统"复制比的检验。我对"学术不端检测系统"是有一定了解的,它有优点,但也有缺点,比如哪怕是双引号引用宪法条文,它也是计算在"文字复制比"之内，"原则上"得用你自己的话表述，殊不知，"引用"有观点引用、材料引用、直接引用、间接引用……总之有时是即便有理也不一定说得清。果断地接受建议，以免后患。

时下，很多事情片面追求效率与效益，希望"立竿见影""速效""所见即所得""利益最大化"……然而，有些事情是需要"慢工出细活""长效机制""循序渐进"……作为科学研究，也许更多地需要关注"终极意义"，从长计议。从我个人角度，我愿意花时间"学海拾贝"，一方面是促进学习，一方面是希望让研究（包括自己那份微不足道的）更有意义。

（2016－03－06）

关于高校图书馆员职业能力的思考

《大学与研究图书馆新闻》（*C&RL News*）2016 年第 6 期发布了美国大学与研究图书馆协会研究计划与审查委员会撰写的研究报告《2016 年高校图书馆发展大趋势》。该趋势报告从 2010 年起每两年发布一次。2016 年的 9 大趋势为：研究数据服务（Research Data Services）；数字学术（Digital Scholarship）；馆藏评估趋势（Collection Assessment Trends）；图书馆集成系统与内容提供商/完成并购（ILS and Content provider/Fulfillment Mergers）；学习证据：学生成功，学习分析，证照审核（Evidence of Learning：Student Success，Learning Analytics，Credentialing）；

高等教育信息素养框架新方向（New Directions with the Framework for Information Literacy for Higher Education）；替代计量学（Altmetrics）；新兴员工职位（Emerging Staff Positions）；开放教育资源（Open Educational Resources）。

大学与研究图书馆协会是美国图书馆协会最大的分支机构，拥有会员 11000 余人，接近美国图书馆协会成员数量的五分之一。它成立于 1940 年，致力于促进学习与学术转化。由它发布的高校图书馆发展大趋势有"风向标"意义。如果浏览近两年的国内图书情报核心期刊，相关内容占很大比重。欧洲研究图书馆协会、北美研究图书馆协会、加拿大研究图书馆协会、和开放获取知识库联盟共同创建了一个联合工作小组，该工作小组的首要工作是确定在数字化科研、知识库管理和学术交流的环境下图书馆的服务渠道。该工作小组根据这些服务和角色——探讨图书馆专业人士需具备的能力。2016 年 6 月已发布《学术交流与开放获取馆员能力框架》与《研究数据馆员能力框架》，这两个能力框架有助于图书馆员认识自身所在机构在技能方面的差距，依据有关职位能力的描述，可以开展自我评估，也可供职业能力培训提供参考。

2015 年春季圣何塞州立大学信息学院分析了图情领域招聘广告中出现的 400 个新兴职位。总体趋势呈现：熟悉技术与技术支持，聚焦用户体验，支持虚拟服务，数字人文与知识管理。企业领域也对这些职业技能集的兴趣持续增长。合作、团队协作与沟通在所有职位描述中也是最为普通的技能。鼓励求职者加强学习新兴技术，数据分析与可视化及地理信息系统。

　　面对上述"新业态"，对于图书馆这一行，我不知是喜是忧。我的一个综合印象是理论研究热火朝天，实践层面似乎可以用"安之若素"概括。

　　作为一名高校图书馆馆员，在经历变革，观察变革，思考变革。笔者近期了解到几件事。有一综合性大学，据说因学校经费紧张，2015 年将所有数字资源停掉，2016 年"顶不住"压力，又陆续买入。我作为数字资源采访馆员，听了之后感觉很惊诧。有一高校青年教师，具有知名"985 高校"博士学历，不知道所在学校的数字资源怎么用，且对"与时俱进"的移动图书馆服务比较排斥。有一"211 高校"研究生，二年级了，不知道其所在学校购买了 ScienceDirect 数据库，说是按字母 E 搜索未找到，他不知道 ScienceDirect 数据库是荷兰爱思唯尔（Elsevier）出版集团的核心产品，只顾找"Elsevier"数据库去了。有的高校，在校园内的宿舍区无法使用"校园网"（学校购买的数字资源通常是基于"校园网 IP 范围"授权的），公共机房及能上校园网的无线网络区域状况比较糟糕，也就是学生群体基本无法使用学校购买的数字资源。在我国，提升高校图书馆员职业能力这事，任重道远，亟待有的放矢，循序渐进。

（2016 - 07 - 01）

南开图书馆学实证研究会议参会小记

由南开大学研究生院主办，南开大学商学院信息资源管理系、杭州市图书馆事业基金会承办，徐建华教授组织的"第6届图书馆学实证研究"博士生学术会议于2016年7月21—25日在南开大学商学院召开。该会议在2011—2015年成功举办5届的基础上的进一步延续与提升，继续围绕着图书馆学规范性实证研究、跨学科合作、国际化而开展。笔者作为一名高校图书馆员，有幸参与了此次盛会，一次又一次被感动，满满地收获，满满地幸福。

会议筹备组6月2日发出会议通知，全国范围内接受报名，报名对象为对规范性实证研究有兴趣的在校（或即将入学）的图书馆学与编辑出版学科博士、硕士研究生，青年教师，业内核心期刊编辑，图书馆从业者，图书馆资源与系统供应商。不收会务费，学生食宿费用由本次会议承担，非学生住宿费自理。原计划招收"约120人"，实际上有500多人报名，采取以报名先后综合平衡的原则，实际"录取"了280余人。与会人员通讯录上有264人，其中博士生19人，硕士生118人，本科生15人，图书馆员70人，教师23人，其余为出版社、学术期刊（6名）、图书馆资源与系统供应商等的参会人员。7月22日合影留念照片上有200人。

会议以操作性、实用性、前沿性、规范性、国际化的特色，方式包括海内外专家的理论介绍、案例演示、规范辨析、上机操作、核心期刊编辑座谈、问题诊断、交流研讨等。内容包括：海外图书馆学研究热点、研究动态与规范性要求，近年发表的图书馆学实证研究论文点评，图书馆学研究的跨学科开展，问卷调查的规范与实施、问卷调查方法中量表与问卷的辨析、SPSS数据分析全过程讲解、数据分析与发文关系，眼动实验与SC－IAT实验在图书馆领域的应用，职业生涯规划，国内外学术期刊发文技巧，南开大学信息资源管理系教授的前沿研究介绍，与会者实证研究中所遇问题诊断等。整个会议由12场主题报告，代表性的有天津师范大学心理与行为研究院杨海波副教授《眼动实验方法》、南开大学周恩来政府管理学院社会心理学系陈浩副教授《社交媒体、搜索引擎与行为科学研究》、南开大学商学院信息资源管理系于良芝教授《Core Concepts，Their Logical Connections and Structure of LIS》、美国克里夫兰州立大学孙荣军教授《社会科学研究方法的几个问题》、南开大学社会学系郭大水教授《访谈技巧及实施》、徐建华教授《图书馆职业特征与图书馆职业生涯规划》、天津工业大学图书馆李超博士《实证社会科学研究的要点、技术与示范》、天津师范大学心理与行为研究院博士后徐晟《数据录入与审查、因素分析和信效度检验》、美国佛罗里达州立大学图情学院博士生俞碧飏《美国图书情报学与实证研究》等。

　　会议内容丰富，安排紧凑。报告人个个身怀绝技，引得满座听众聚精会神听讲。每天上午 4 小时，下午 4 个半小时，均安排满了。7 月 23 日，郭大水教授的《访谈技巧及实施》报告给我留下非常深刻的印象。郭教授用一个 Word 文档列了个提纲，连续站着讲了 3 个小时（郭教授已退休），举重若轻，字正腔圆，幽默风趣。台下数百听众，几乎都从头听到尾。报告结束时，有位提问者的评论是如同听百家讲坛一般。我是首次见识到这样的场景。当前下午的 3 场主题报告由我主持，第一场报告是 13：30—15：00，报告结束，我提议休息 5 分钟，说了"别因为热爱学习而憋屈了自己"，因为我知道当天上午憋尿的远不止我一个。徐建华教授在休息间隙特别交代：后边的环节再安排休息时间，有需要可以自己出去。其实我知道，"憋屈"的原因种种，有的是因为报告精彩，怕错过任何内容，有的是觉得不方便（离开座位，进出会影响其他人），有的是觉得不礼貌……当天晚上安排了一场相声，由南开大学学生社团表演，19：00 开始，21：30 结束。

　　一周的会议，徐建华教授台上台下有着许许多多的不凡、不俗的表现。由于会议前后，我国大范围暴雨，许多地方的交通受到影响。我自己的情况是检票进站后才知道所买的车次停运了，幸运的是买到了另外一趟车，并赶上了晚餐。有部分报名者，经过种种努力之后，实在是没有办法参会。我到晚餐地点时，已是 6 点多。我看到徐教授在迎接每位参会者并安排座位，我那桌挤了 12 人（正常可能是 4~6 人用的）。大概是临近 7 点开席，挤归挤，但上的菜挺丰盛的。中途徐教授领着从美国来的孙荣军教授挨桌敬酒，一方面作解释说明，一方面介绍孙教授。午餐是吃盒饭，徐教授安顿好大家之后才吃，有一次我见到徐教授是端着饭盒站在门边吃，边吃还边招呼参会者。吃过饭后不到 1 小时时间里，还为参会者答疑解惑，提供种种指导与帮助。会议安排我这么一个草根在开幕式上就坐主席台，并作为馆员代表发言，此外，安排我主持 7 月 23 日下午的 3 场主题报告。我认为这是"大牛中的大牛"对"草根中的草根"的特别关爱与提携。会议结束临近结束前，徐教授、徐晟博士、俞碧飏博士三人逐个解答参会者在报名环节提交的"需要诊断的问题"，妙趣横生。随后所有参会者挨个上台亮相，介绍自己及自己的研究方向。最后由华南师范大学束漫教授作会议总结，束教授为这个总结还准备了两段视频及趣味图片若干，别出心裁，声情并茂，余韵悠长。

1928 年芝加哥大学成立了一所具有博士学位的图书馆学院（The Graduate Library School at the University of Chicago，GLS）。它的学风和理论追求影响了一代图书馆学家。芝大 GLS 教员致力于发展具有高度理性的图书馆学知识体系，从历史、文化和社会的角度思考图书馆生存的哲学问题，同时也以社会科学中流行的实证方法或思辨方法研究图书馆问题，被后人称为"芝加哥学派"。随着，"芝加哥学派"的兴起，部分图书馆学家开始关注与图书馆有关的社会、历史与文化问题，并以新的图书馆哲学和图书馆学体系挑战检验图书馆学，由此形成 20 世纪最重大的一次理论变革（引自：范并思，等 . 20 世纪西方与中国的图书馆学：基于德尔斐法测评的理论史纲 ［M］. 北京图书馆出版社，2004，6：30 - 31.）或许，"南开图书馆学实证研究学派"正在成型与成长。艾肯（D. Aaker）认为，品牌资产包括以下 5 方面内涵：品牌知名度；品牌忠诚度；品牌联想；认知品质；其他特有的部分。"南开图书馆学实证研究会议"这一品牌已然建立，正在发展中。期待"南开图书馆学实证研究会议"得到更多的关注与支持，越办越好！

（2016 - 07 - 27）

审稿人角色

我的审稿人角色，是先从学术图书做起，再做学术期刊的审稿人。时间均不长。

我从 2001 年开始正式发表期刊论文，从 2009 年开始出版第一本书，也就是以作者身份经历过了若干次被审稿。我还曾有幸做过幕后审稿人，也就是做辅助工作，包括博、硕士学位论文及期刊论文，得到了锻炼机会。除此之外，还曾浏览过他人的审稿手稿或心得体会，包括种种对评审意见的"吐槽"，且不仅限于图书情报领域。我似乎多年前就预见自身将来也要承担这方面的工作，但具体让我履行这一角色时，发现准备并不充分，能力与精力也是问题，一方面是尽力而为，另一方面则是量力而行。

考虑到审稿这方面的事情，今后可能会越来越多，我自身得悠着点，需要把握好"度"，专门请教了一位优秀的学术期刊编辑指点迷津。学术期刊的同行评审，期刊方面通常期望审稿人在多长时间范围内完成审阅任务？答复是："一般而言，越快越好，建议不超过半个月。因为作者等得急，太长，会产生焦虑，或者一稿多投。很多时候，刊发时间长，与审稿周期长有关。"作者的心情，我比较能理解。我作为审稿人角度，我属于性子比较急的，做事比较快，一方面担心快了，"东家"不高兴；一方面担心"东家"认为你"好用"，派活过频。我有过为出版社审书稿的经历，头一次审，出版社方有点嫌我完成得太快了，但看过我所做的工作之后，还是比较满意的。紧接着让我审了两本，并期望我能长期支持。其实，我的"快"，通常是下了死功夫，也就是高强度的工作，且将做这事的优先级提得特别高（比如比吃饭、睡觉更重要），频率高了，承受不来。那位学术期刊编辑友人告诉我："又好又快，是最好的。审稿数量，建议与对方进行沟通。"还介绍了其自己的做法。很受用。

我对待审稿人这个角色，我认为属于"学术责任"范畴，饮水思源，薪火相承。主观上，我会努力尽心尽责，争取做到"又好又快"。作为一名草根，随着岁月的流逝，有幸结识了许多位图情期刊、出版社学术图书编辑，他们都是那么地敬业、乐业，可亲可敬，可谓三生有幸。好些刚开始只是"神交"，后来，居然有种种机缘相遇相知。从这个角度，我也"逃不脱"相助绵薄之力。

审稿人角色于我真是"任重道远"，尚需边学边做，切记"且行且珍惜"。

（2016 – 8 – 28）

闲话图书馆员职业能力

近年我的研究方向是：图书馆员职业能力研究。我希望我所做的研究与思考，既有理论意义，又有现实意义。作为一名有近20图书馆工作经历的图书馆员，一方面自身在做各种学习、探索与实践，一方面也在较为密切地关注图书馆学研究。我深知，我所做的努力，想拥有"成就感"、"收获感"是非常困难的，但做不了大事就做点小事吧，拥有"存在感"也不错。

过去，图书馆岗位培训系列教材不少，图书馆业务辅导，图书馆工作实务全书……文献资源建设、文献分类、主题法导论、文献编目、中文工具书、期刊管理等等均能出业务技能能手、高手。时下很困难，优势力量，精力瞄准目不暇接的移动靶。文献编目、图书加工、整架等等业务，不同程度外包；信息检索，如果按照传统的专业知识，进行专业检索，将几乎是徒劳；数字资源的主流是买服务，相关技术设备"托管"……核心业务、核心能力，种种原因，很难取得"共识"。

某高校迎接硕士点建设单位验收，图书馆予以配合和支持，开设研究生阅览室，环境改造及家具等到位后，需要选一批书。图书馆方面拟定选书标准，从用户需求出发，全馆范围选书，所选的大致为硕士点建设学科专业图书、工具书、信息素养类、人文素养类图书等，还兼顾了品相较好这一原则。一批学科馆员、辅助馆员忙了数天，挑选了数千册书，调拨，上架，排架等，就绪之后，校长过来检查指导。校长看了以后，觉得不满意，指示放工具书，已经过时的化学文摘纸质版、影印版等都往里搬，这些书品相好，但可谓华而不实……专家到校检查（数分钟，到此一游）完之后，化学文摘等回归文献检索室。之后数年，图书馆方面也觉得无趣，研究生阅览室的书架基本只是摆设而已，鲜有可用之书。

某高校图书馆"图书馆，我想对你说"意见征集，放置一面便签墙，一个便签盒，读者可以在便签上写出心里想对图书馆说的话贴在便签墙上，可以是祝福，可以是意见，可以是建议。收集到的内容大致为：（1）

开放时间。要求中午开放、全馆全天候开放、24 小时开放、准时关门不要提前……（2）环境、卫生。厕所太臭、过道灯光暗、修好阅览室灯……（3）考研学生需求。索还马扎、图书存放（"给考研学生统一放书的地方"）……（4）对物业"阿姨"的意见。开门时间……

某高校图书馆近期要搞 24 小时开放的阅览室，咨询有无阅览室 24 小时开放的图书馆？我认为，不是看有没有，而是看自身所在馆有没有需要，有没有必要？当前，高校 24 小时开放需求，需求的主要是自修场所而不是"阅览室"。这方面公开发表的文献有好些，可以参考。2009 年我写过《图书馆 24 小时开放时间与反思》（图书与情报，2009 年第 2 期）我的观点是："应该提倡图书馆拓展延伸服务内涵，反对单纯形式上的延长图书馆服务时间。如果单纯是形式上的延长图书馆服务时间，缺乏必要的调查研究，既没有达到服务读者的目的，还可能导致人力物力的浪费。高校图书馆最佳开放时间大致为：平时：6：00～24：00；考试期间（1 个月）：全天 24 小时开放。"

关于提升图书馆员职业能力，我会联想到：孟姜女哭长城，"要筑长城你自己筑，为何害我喜良郎？"。秦始皇筑长城为哪般？或许可以说是为了让喜良郎及其家属乃至后人安宁？如此这般，奈何，奈若何？

（2016－11－07）

研究的脚步

近期，各级各类科研项目申报启动。有动员申报项目的，有邀请做项目组成员的，还有各种与项目申报相关的咨询。

领导动员申报国家社科基金。我有 N 个不申报的理由。大致可以有：（1）力不从心。我当前承担有教育部项目，就算我申报下来了，我哪有这么多精力做？领导说可以让课题组成员做，我哪有这样的能量与资源？（2）吃不了苦。按照所在机构要求，假如申报，需要在短期内按规定时间做规定动作参与遴选。所在机构限报 10 项，一番折腾之后，有可能做无用功。（3）太累了，也该歇歇啦。结合自身实际，眼下事务缠身，工作方面的，家庭方面的，还有其他方面的。承担科研项目有系列组合动作得做。单单是科研经费的使用就劳心劳神。（4）敬畏学术。个人从 2004 年开始参与国家社科基金申报，此后多年一直有参与或保持关注。据个人的观察，当下的要求越来越高了。比如阶段成果不许同时署多个项目号；学术规范方面有更高的要求等等，任何投机取巧，很可能得不偿失。上述理由，有的是说不出口的，不好说，说不好，不说好，甘苦自知。

近年我的科研产出很低。一方面由于我的"可研"时间大大缩水，一方面投入了较多的精力进行实践探索。单单是圕人堂 QQ 群这个平台的实践与探索，劳心劳神劳力。原本我还希望留一点时间精读一点经典书籍，基础不牢，办事不牢。急匆匆地赶路，装备、头脑等的准备马虎了事。

研究的脚步，无论研究啥，也无论研究有啥意义，需要尽可能地稳健与从容，量力而行，自得其乐。行者无疆，让"成就感"与"获得感"尽可能建立在自得自乐的基础之上，行之有道，方得始终。

(2017 – 01 – 14)

提升高校图书馆员职业能力，路在何方？

近期了解到广州某高校图书馆，2017 年招聘事业编制 6 人，非事业编制 10 人。我了解了一下，该馆 2016 年提交的 2015 年度事实数据，在编职工 86 人，合同制职工 53 人。2017 年新进人员力度之大，是要做大事的节奏。随后进行了进一步的了解，该馆 2016 年取得累累硕果，被学校评为先进单位，还据说是近 20 年来首次，图书馆党政一把手在学校中层干部考评中均获优秀，学校层面要求机关部处向图书馆学习，"做出了事情才好争取各种资源"。随着"新力量"的融入，该馆赢得了良好的发展机遇。

近年有些高校图书馆蓬勃发展，馆舍焕然一新，人员减员增效（专业馆员愈来愈专业，辅助馆员愈来愈精干，二者相辅相成）。与此同时，或许是大多数，面临种种困境。比如有的馆馆舍陈旧，人员老化，有的馆平均年龄 46 岁，十多年未进新人，且近期没有进新人的意思（原有人员陆续退休减员，安置人员或转岗人员补给微调）。同样叫"高校图书馆"，馆与馆之间的差距是很大的。教育部高校图书馆事实数据库，填报的比率，填报的合格率，个人认为是不尽人意的，原因可能也是多方面的。有些统计项目缺乏统计标准；若干统计项目，有的馆是"真没有"。

当前，图书馆正经受种种冲击，面临"转型与超越"问题。图书馆员该干啥？能干啥？如何干？馆领导困惑，馆员迷惑，利益相关者不明觉厉。图书馆员对于图书馆业务培训，视乎并不熟悉。有的图书馆，多年没有业务学习。但同时也有部分图书馆，在"如饥似渴"地探寻业务培训信息，想方设法借助业务培训，迅速提升馆员业务能力。与此同时，与图书馆业务密切相关的数字资源商、图书馆配商、软硬件供应商等迅速崛起。若干图书馆业务，不同程度外包了；图书馆买进的资源、软硬件设施，有一定比例实际没能或没能较好较好地发挥作用，因为缺乏相适应地人力资源……

制度保障方面，是脆弱的。图书馆员个体的发展方面，主要有两条路：专业技术职称晋升与职务晋升，目前这两条路对于大多数基本上行不通。图书馆员提升职业能力的主动性受到直接影响。"能者"多劳，"不能者"少劳甚至可以不劳，这种情形下，通常地或正常地选择是遵循"最省力法则"。

职业能力的养成，需要建立在职业价值、职业规范、职业道德的认同与尊重的基础之上，融入与投入，远非一朝一夕之功。提升高校图书馆员职业能力，路在何方？2004年教育部印发《普通高等学校基本办学条件指标（试行）》，随后教育部高校图工委、各省图工委组织开展过高校图书馆评估，之后基本沉寂了。当前"基本办学条件指标"正在修订之中，修订完成之后，或许新一轮大范围高校图书馆评估将"应运而生"，或许以评促建，以评促改，重在建设，尚值得期待。

（2017 - 05 - 03）

蜂忙"研究月"

2017年7月是我的"研究月",整月像蜜蜂一样忙碌,是谓蜂忙"研究月"。

"研究月"于我算是意外的收获。此刻的心情是愉悦的,一路走来确是有几分忐忑,且行且珍惜。需要感谢很多人,感谢家人、感谢单位领导、感谢诸多师友的理解与支持。

"研究月"是多任务并行。中心任务是围绕所承担的科研项目,积极做工作,自己带头撸起袖子加油干,还组织策划课题组成员齐心协力一块干。非中心任务中的头号任务是,争取2017年出版《图书馆学短论——科学网图谋博客精粹》一书,希望该书能更好地赢得读者喜爱,取得更大的进步,因此背后需要做更扎实地准备工作。重要任务是安排了一名课题组成员参加徐建华教授组织的"第7届图书馆学实证研究"学术会议,自身在"家门口"参加了江苏省图书馆学会学术年会。

"研究月"的特征是格外忙碌,从早到晚都忙,几乎是把所有可以利用的时间,包括挤出来的时间争取效益最大化。每天需要阅读大量文字,有的是前人的或他人的,有的是自己码出来的。我除了清楚地了解自己脑子不够用之外,还明白用眼过度与用屁股过度,因为几乎每天眼睛与屁股均有"不良"反应。

"研究月"令自身颇感欣慰的是,较长时间"淘来"的数十本书,较为认真地利用了,算是对这批书有个交代。感觉不那么好的方面不少,比如研究方法及研究工具的学习与利用还非常欠缺,由于英文阅读量过小英语水平越来越"捉急"等等。

蜂忙"研究月"有一些产出。蜂为"采得百花成蜜后,为谁辛苦为谁甜";而那像蜂一样的男子亦有所期许:好吃好喝,吃好喝好。

"吾生也有涯,而知也无涯",路漫漫其修远兮,吾将上下而求索;同时,亦应清楚地知道"以有涯随无涯,殆已",警惕"蜂忙"为"疯忙"。

(2017-08-03)

关于高校图书馆专业馆员职业能力的思考

近年，笔者在关注高校图书馆专业馆员职业能力，积极做了一些工作。一方面，我自身是一名高校图书馆专业馆员，自身在边干边学；另一方面，尽可能地开拓视野，放眼全国乃至全世界，通过实地考察、阅读文献、网络社群等等方式。传承与开新是两大主题。

读到十所日本高校图书馆数据（数据来源截至 2016 年 6 月），在"世界大学学术排名 2015" 500 强之中。十所高校有 7 所馆员人数不到 50 人，人数最多的是北海道大学 90 人，最少的是千叶大学 23 人，平均为 45.3 人。京都大学馆员人数 32 人，学生人数 22785，藏书量 685 万册。读到这组数字，我非常惊讶！笔者知道某省属本科院校学生人数与京都大学差不多，馆员人数是京都大学两倍，藏书量是京都大学的四分之一。依据《高校图书馆发展蓝皮书 2015》（高等教育出版社，2016），2014 年 "985" "211" 高校平均每馆 110 人，普通本科院校平均每馆 45 人，高职高专平均每馆 15 人，平均每馆 40 人（649 所高校提交了有效馆员总量数据）。尚不清楚日本高校图书馆的管理与服务模式，也不清楚日本高校图书书馆专业馆员职业能力具体情况，但加剧了笔者对我国高校图书馆人力资源状况的担忧，我国好些高校图书馆存在人员老龄化，馆员人数逐年减少这一状况。

新业态环境下，图书馆转型、图书馆员新型能力等成了"热词""高频词"。文献资源载体在变化，信息技术在进步，社会在进步，专业馆员职业能力也需要与时俱进。当前文献处理范式时期的专业馆员职业能力已日渐式微，比如文献分类、文献组织、文献检索、文献分析等能力逐渐退化。当前存在一些高校图书馆有一些"亮点"，但较大程度上是凭借借力——借数字资源商之力、软硬件供应商之力等等。前沿热点眼花缭乱，现实应用蜻蜓点水，若干业务难以可持续发展，一定程度上因为基础不牢，一步三摇。

1957 年刘国钧先生《什么是图书馆学》一文中提出了图书馆事业有五

项组成要素这一图书馆学原理，以图书、馆员、读者、建筑与设备、工作方法为"五要素"共同作用，实现图书馆服务宗旨。当今国内外不同机构、不同类型的新兴服务并没有脱离"五要素"的框架，只是基本概念与内涵更加丰富。图书馆各种新兴服务以"五要素"为根本，强调图书馆必须是社会组织实体，必须具有图书馆特色的运行环境、设备和场所，必须具备多形态知识载体和用户、馆员三者之间的交融互动3个基本条件，从而形成属于图书馆的多元化个性化服务体系。

关于图书馆职业能力研究这块，当前有好些可资参考借鉴的成果，可以进一步开展实证研究。我期望能做出一套指导性较强的专业馆员职业能力体系索引。而且，最好能有图书馆用户能力体系索引与之呼应。更为完整的研究应包括这两方面。因为专业馆员的职业能力需要与用户需求相适应，且良性互动发展。目前，我也不确定能走到哪一步，需要看机缘。

图书馆专业馆员职业能力的提升须面向实际，同现代科学技术的发展紧紧相扣，积极拓宽研究领域，使其研究根植于图书馆事业发展、图书馆工作、图书馆实践之中。

（2017 - 08 - 04）

追寻研究的意义

关于研究的意义追寻，千万次地问，简洁表述或许可以是：有没有一篇论文，让你想起我？研究的重要表现形式是学术论文。那"一篇论文"代表作中的代表，"你"是泛指，不仅仅是指今天的"你"，还指明天的"你"，甚至未来的"你"。"想起我"主要是指想起我的贡献。

生活在当下，总体来说，幸福指数老高老高。科学技术是第一生产力。借助现代科技，上九天揽月，下五洋捉鳖，不再是遥不可及的梦想。方方面面的奇迹，奇迹不奇全在人创造……借助现代通信技术，获取国内外文献信息空前便捷，研究的"门槛"似乎荡然无存。然而，形势一片大好的情况下，并存诸多不如意，自然灾害（地震、水灾、旱灾等等）、疾病、战争、环境污染（如雾霾）等等。具体到个体，"弱水三千，只取一瓢"，再进一步个人的学术生命，其实非常的短暂，大环境是，对于绝大多数人一旦到了退休年龄，"学术生命"基本终结或被终结。

笔者深感"我是如此平凡，却又如此幸运"，我有幸从事图书情报学习与研究近 20 年，有幸耳闻目睹了一些情况。国家"十一五"重点图书出版规划项目当代中国图书馆学研究文库（第三辑）出版了 12 位学者（吴晞、曹树金、肖希明、顾犇、李广建、王松林、叶鹰、沈固朝、徐建华、孟连生、刘炜、杨沛超）的论文集，由吴慰慈、陈源蒸主编，2010 年国家图书馆出版社出版。我认为应是上述学者数十年学术研究精品集，但很惭愧，我购买了这套书数年，浏览过的内容非常少，努力今后尽可能多读些。原因可以有很多，主观的、客观的，其中可能的原因是涉及的领域非常广泛，时间跨度也非常广，若干内容似乎还有较强的时效性，阅读起来会比较辛苦。

笔者近年对杜定友、钱亚新二位先生的关注较多，两位先生毕生的研究得到了较好的收集与整理，且我自身在张厚生先生逝世后，也为张先生毕生研究的收集与整理做了点工作。上述三位先生的模糊"叠加"，再结合自身的经历，对近一百年的图书馆学研究会有粗浅的认识。钱亚新先生认为"著述不是个人财富，而是社会积累，不过由某人整理而已"，我越来越赞同这个观点，同时，想再补充一点：无论个人著述是多么地精彩，还需要凭借有人收集与整理，从而更好地得以纪念与传承。

有一个很有意思的现象。2000年以前，图书馆学情报学领域的工具书很多。比如《图书馆学辞典》《图书情报词典》《图书馆学情报学档案学辞典》《中国读书大辞典》《中国图书馆界名人辞典》《中国大百科全书 图书馆学、情报学、档案学》（中国大百科全书出版社，1993）等。2000年以后，我只知道有《新编图书馆学情报学辞典》（科学技术文献出版社，2006），该辞典由丘东江先生主编，收录1万多条辞目，240万字的百科辞典。据悉2014年9月《中国大百科全书》第三版图书馆学、情报学第一次学科编委会会议在武汉大学召开，全国25所图书馆学、情报学研究领域最具代表性的高校、图书馆、情报所等机构的50余名专家学者参会，《中国大百科全书》第3版将会采用在线百科的形式。我不知道《中国大百科全书 图书馆学、情报学》编纂进展如何，比较关注，同时也比较好奇，我认为这个编纂任务非常艰巨，因为图书馆学情报学进入互联网时代这些年，新辞目可以有很多，有不少转瞬即逝，有不少远未取得共识，而老辞目不少似乎是真老了，不少是假老但是鲜有人能认出来了。时下的图书馆学研究，似乎"继往"不足、"开来"不力，过去、现在与未来，有待共斟酌。

研究的意义，说大就大，说小就小，说不清道不明几分天注定几分靠打拼，作为个体的人，选择脚踏实地、积极进取就好。

（2017 – 08 – 11）

做课题的滋味

课题来之不易，初心是"为了自己的梦想，也为了不负众望，我将尽力而为，量力而行"，如今近三年了，距离"交卷"的时间愈来愈近了，滋味杂陈。

理想与现实是有差距的，理想很丰满，现实比较骨感。我原期望能够"大干一场"有所突破，于人于己皆满意。然而，距离于己满意尚很遥远，于人满意不敢奢望。

做课题的黄金时段是假期中，我的假期大部分时间都是在折腾与课题相关的事情，有两个假期是实在无心做，即便有点闲暇也无法出活，因为有亲人的健康出了大状况，成日里提心吊胆、焦头烂额。工作时间，各种各样的事务，基本无暇顾及课题，甚至还"霸占"了不少业余时间。有限的"可研"时间，"又好又快"地出活，对我来讲难于上青天。因为自身天资平平，身无长物，基本依靠的是"蛮力"及"傻人有傻福"捡捡漏。

做课题需要学习许多东西。科研经费的使用需要学习的内容不少，边学边干；中期检查、结题要求等得认真领悟有关标准和要求，按时完成任务。还有一点，不能满足于"完成任务"，需要有点理想、有点追求。时下，各种各样的课题不少，而刊发成果的期刊资源是有限的、有竞争性的，许多时候是身不由己的。投稿方面，需要学习的内容也不少。

关于做课题，大环境似乎导向"赢者通吃"，多多益善，项目的级别越高越好，项目的经费越多越好……不少高校给校内二级机构"摊派"科研任务，绩效考核时也有量化任务。我自身是希望精益求精的，能躲则躲，因为我确实能力有限，分身乏术。

做课题是有滋有味、有苦有甜的。愁滋味也好，苦滋味也罢，压力是动力，苦尽甘来……最直接的甜头是，有了经费，购买文献资料、支付出版费用或参加学术会议之类，"走课题经费"更轻松、更愉快。这山望着那山高，那边风景更好……

（2018－2－25）

关于图书馆员职业能力的思考

近年我关注较多的是图书馆员职业能力研究，数字化、网络化、多元化环境下面临着许多新问题，再加上人事组织制度等系列变革，使得问题更加复杂化。

我自身是一名高校图书馆员，有着近20年的工作经历。与此同时，始终保持着对图书馆业界的观察与思考，始终积极与各类型图书馆同行交流与探讨。国内图书馆，利用各种机会实地参观学习过的有数百家；国外图书馆，我尚未有机会实地参观学习，但通过与国外图书馆及国内到访过的同行或直接或间接地学习交流，或多或少有一些感性认识。整体印象是图书馆员职业能力状况是不容乐观的。

不妨先说说自身作为一名图书馆员的职业能力情况。美国高校图书馆专业馆员的职业能力可以归纳为4大类：学历、经验、知识与技能、能力。我是一名省属地方本科院校的图书馆员，以管理信息系统专业本科学历入职，6年后脱产3年取得图书馆学专业研究生学历。至于"经验、知识与技能、能力"相对较为抽象，不便客观测度，自我评价也许只能用"马马虎虎"概述。我工作过的部门主要为技术部、参考咨询部，所承担的工作实际是相当杂的，"因需而变"。比如刚入职的一年时间是在流通部书库，更多的只是因为书库相对较为辛苦，缺人，曾自嘲为"高薪临时工"一枚，虽然是刚入职，比临时工的工资会高不少，但干活质量实际上远不如其时数位干练的临时工，比如人家理架的速度快、质量高，保洁工作也做得挺好。许多时候只是为稻粱谋，身不由己，往东也成往西也就。故作"众人皆醉我独醒"姿态是讨人嫌的。

对于高校图书馆，2004年教育部印发的《普通高等学校基本办学条件指标（试行）》，2006年教育部印发的《普通本科学校设置暂行规定》，两份"重量级"文件中"生均图书（册/生）""生均年进书量（册）"要求，许多高校图书馆因此"累弯了腰"，甚至"扭曲"了，因为高校图书馆馆藏发展政策主要是围绕上述指挥棒转，主动也好被动也罢，个别高校图书馆动了不少"歪脑筋"走捷径，所谓图书馆专业性、图书馆员职业能力无暇顾及。

图书馆馆领导人选及任期、人事分配制度改革、信息技术的飞速发展及核心业务外包等，给"图书馆员职业能力"造成了很强地冲击。有少部分馆搞得有滋有味、有声有色，但大多数属于困惑的、迷茫的或得过且过的。

学术研究能"救"图书馆吗？当前，一方面有些学术期刊同质化比较严重，另一方面表面上学术繁荣而图书馆事业危机四伏（最为突出的是青年馆员缺乏榜样引领）。学术期刊是"公器"，当前并不那么缺论文，缺的正是职业精神与职业情怀。学术研究并不能从根本上"救"图书馆，职业精神与职业情怀的养成助力图书馆员职业能力提升，或许是当务之急。

（2018 – 03 – 03）

学术审稿言语的分寸

需要"言语"的场合很多，日常生活、工作、科研等均需要。近期遇到一些"状况"，属于科研方面的，颇为困扰。

近年，有承担一些学术期刊、学术图书的审稿任务，自身是从作者角色临时客串审稿人角色。虽是临时演员，但得演好，得努力让编者（委托方）、作者、读者及自身均满意。要做到四方满意，其实是不轻松的，甚至有时会是相当困难的。评审需要考量的因素，有时并非单一的学术评审，还有一些非学术因素，细究起来，会是相当复杂。写评审意见的时候需要斟酌、再斟酌，尽可能地拿捏好分寸，尽职尽责。

时不时有师友求助，有的是投稿前，有的是投稿经历若干次挫折后，有的是科研项目申报，有的是学术论文选题与撰写……多数场合，会是较为愉悦的，但有部分场合是比较"痛苦的"。通常来说，锦上添花的事情大家乐意做，雪中送炭的事情偶尔为之强身健体，频次高了身心俱疲。有的求助，彼此并不了解，评述的语言得特别注意。有的希望听好话，有的希望多出力（多代劳），有的只是求安慰……囿于自身的精力与能力，苦不堪言。有的是我真的不懂，有的是我真的不能，有的是我不清楚我可不可以懂可不可以能……

我实际是不善言辞的。文字表达方面，或许可以说"笔耕不辍"，但自知尚需努力；日常交际表达，平常场合，属于不会聊天的，很容易把天聊死的。然而"言语"是重要的，甚至是"必须的"，且需要"活到老，学到老"。

（2018－05－09）

感悟科研

我不知道我是不是搞科研的料，算不算搞科研的人，但实实在在属于被科研搞的人。近期经历，有些感悟。

关于纵向科研立项。国家社科基金项目、教育部人文社科基金项目等评审结果，先后公示了。有的是作为项目组核心成员，有的在申请过程中与我有过一些交流，提过一些参考意见。遗憾的是，有我影子的，全部未中。我"审读"了评审结果，或多或少有些感悟。有 1 项为国家社科项目，可能属于申报人所在单位高手云集，一个学科类有四项立项，且两项为重点，两项为一般，我觉得即便进入会议评审环节，也有可能被平衡掉了，毕竟是竞争性资源。有 1 项为教育部人文社科项目，为现实意义较强的课题，但从立项结果看，有可能评审专家多为"学院派"，没被看上，其实该项目的研究基础是比较扎实的，项目负责人已在 CSSCI 来源刊发表了系列论文，项目申报整个环节也是高度重视、做足功课的。当前的导向，项目级别项目经费很是重要。牵涉到导师的招生名额、职称评审硬件是否够硬，影响到绩效考核、岗位聘任等等。国家社科基金项目，数年前，已采取了限项申报措施。我认为，立项与否，实力加运气，正确的态度是：胜不骄，败不馁。

关于横向科研项目。我自身接触横向科研项目较浅，但这两年，也可以感受到科研政策的导向。对于地方本科院校，纵向项目经费的争取是难度挺大的，横向项目可以结合地缘优势，有一定的可为空间。种种原因，横向科研项目在绩效考核、岗位聘任等环节，认可度或权重，"弹性"挺大，让人难以捉摸。

关于科研合作。当前的环境，科研合作不易。比如在科研激励政策、职称评审等重要场合，只认第一作者（或通信作者）、第一单位（甚至有的机构只认独立作者），其余贡献者基本被忽略不计。对于有些具备一定级别的纵向科研项目，实际主要是考核项目负责人的成果，而且只认第一作者（或通讯作者）。科研项目申报时，通常是以项目组名义申报的，强调的是团队的力量。任何合作，只有互利互惠，才有可能持久。

关于科研经费的使用。科研经费的使用有许多条条框框，经费的报销有不少流程要走。比如某高校当前的财务系统中，人文社科项目与自然科学项目的预算模板是一样的，财务系统中的预算与项目申报任务书的预算不一致。项目负责人作为业余人员，难免存在不少困惑。

关于科研成果的宣传推广。当下，科研成果的宣传推广缺乏应有的重视。许多科研成果属于应付式的，其目的更多的是为了"交差"。科研立项环节，通常需要大谈特谈研究意义、研究价值，种种原因，更多的是停留在"书面上"，行动上是比较薄弱，甚至是缺失的。我也参与过一些科研成果评奖，填报材料时，需要填写社会评价情况。对于人文社科类，社会评价，主要是"汇报"一下被引情况（著作类成果，可能还会介绍一下相关书评情况），至于深度的科学普及或者应用情况，涉及较少甚至缺失。

理想中的科研：因"可研"，方"渴研"，有趣有味有力量。

（2018 - 06 - 30）

研究的意义

研究的意义是个人、团体、机构及其受众后赋予的。有意义？有什么样的意义？无意义？是真的毫无意义，还只是未遇知音？……任何研究，或多或少是有意义的，但确实是难以全面、准确地衡量它。因为受到诸多因素的影响，大到政治、经济、文化等因素，小到个体的价值观、知识水平等因素。

身处高校多年，或多或少对各级各类科研项目略有了解。无论是主动还是被动，或多或少需要接触各级各类研究，甚至一定程度参与其中。笔者浏览所在学科领域的研究，较高层次的科研项目也好，期刊论文也罢，感觉愈来愈困惑。总体印象是超炫、超酷、超现实。围绕着科技发展及社会环境变迁，热点、前沿层出不穷，大多昙花一现，鲜有落地生根。研究成果大多来也匆匆，去也匆匆，匆匆太匆匆。

各级各类科研项目的申报，几家欢喜几家愁。有一定比例是无爱的被迫的，一定比例是真爱的，还有一定比例是"糊涂的爱"。笔者的体会，申报阶段像挖坑，为了显示自身年富力强、聪慧敏捷，将坑挖的尽可能由深度又有广度，还有意无意的炫技，展示一些独门技法……立项之后的做项目阶段，是填坑，将坑回填，采用各种技法填，各显神通……验收阶段，是检查坑是否填好了，有形式审查，也可能有实地考察，有一种实地考查是让施工者自身在自己填的坑上边翻几个跟斗或做几个俯卧撑。有多少人被坑了，轻则伤筋动骨，重则深陷坑中、难以自拔。

研究有风险，抉择需谨慎。尽可能地知己知彼，尽可能地无怨无悔，尽可能地游刃有余，尽可能地潇潇洒洒风风光光。

（2018－08－01）

闲话做课题

　　各种各样的课题，眼花缭乱。作为一名高校图书馆馆员，自觉地适度关注，毕竟，服务教学科研是图书馆的重要职能。作为一名"有理想的"高校图书馆馆员，我没有选择"袖手旁观"，尽可能地适度参与，希望借此提升职业能力。过程中，有所观察，有所思考。

　　多年前，张厚生老师评审一项国家社科基金项目结题材料，曾与我聊及评审体会。该项目负责人我略有了解，是一名颇为勤奋的省属地方院校图书馆工作者、高产作者。张老师在评审过程中很纠结，认为开头两章写得挺好，但后劲不足，感觉有些遗憾。后来，通过查阅国家社科基金成果数据库，我知道该项目2005年5月立项，2007年3月结项（成果形式是专著，成果等级为良好），2007年12月出版专著（中国社会科学出版社）。2018年8月23日，在读秀学术搜索中，检索了该书，显示"收藏馆：333；总被引：29；被图书引：4"，在中国知网中以项目批准号进行检索，该项目发表了12篇论文，其中10篇为CSSCI来源期刊，包括《中国图书馆学报》《大学图书馆学报》等刊物。作为做课题，项目负责人是相当出色的，在如此短的时间完成了国家级科研课题，而且于2006年破格晋升为研究馆员。作为做科研，或许还是存在一些遗憾，毕竟实际做科研的时间还是偏短了点，如果时间再长一点，也许效果会更好。

　　近年，我自身有机会主持做不大不小的课题。感觉滋味是较为复杂的。我的理想似乎比较丰满，但现实比较骨感。比如我也希望形成有一定分量的专著，但发现做着做着就想偷懒了，因为觉得"吃力不讨好""得不偿失"。课题要做到什么程度？感悟是：差不多就行了，若精力旺盛，可以悠着点，争取获得下一个课题……实际做的过程中，好些环节计划不如变化。比如立项头一年，学校科研管理部门工作人员，问我参加中期检查吗？我愣住了，我还没开始呢……稍后一些，看到科研管理部门发消息，让抓紧花科研经费，还有看到课题源头部门催以往项目结题的通知等等。感受到了一种压力之后，选择"不待扬鞭自奋蹄"。自身的努力只是一个方面，还有许多"变量"的。比如，单单是投稿环节，可谓相当折腾，相当憋屈，还得学会适应。各家期刊有各家期刊的情况，投稿平台、审稿流程、审稿周期等，基本均是个性化的。关于期刊投稿网站真假讨论，送副对联：假的不比真的假，真的不比假的真。横批：真情假意。大多期刊投稿系统本身也不大健全。自身多少算有点投稿经验，但也遇到尴尬事。曾有篇投稿，刚开始的时候，我真担忧投到山寨投稿平台，也许是纯属巧合，我完成投稿之后的数天内，连续3人次代写代发服务人员找上我。做课题的数年中，还遇到一些状况，比如家人身体出大状况，"可研"时间缩水，还有就是"形势所迫"，因为有关方面有科研经费目标考核，层层加压，催着申报更高级别课题、更多经费的课题，感觉自身的节奏被打乱了，真是"树欲静而风不止"。

身为凡人，"泛人"而已，不做"范人""犯人"，但难免"烦人"。我熟悉的师友中，有的做了不少课题，而且课题本身完成的还挺出色，但换一个角度，比如是家人的角度或读者（受众）的角度，似乎没有"完美的"，总难免有这样那样的缺憾。比如承担家庭责任有所欠缺，或者透支了自身身体吃了亏……凡事有得有失，如何取舍，还得三思而后行，谨记"过犹不及""量力而行""适可而止"。

（2018－08－23）

有一种折磨叫投稿

近年，不少人感受到投稿越来越困难。笔者自身所在的图书情报领域，有所观察，有所思考。

投稿环节，可谓相当折腾，相当憋屈，还得学会适应。各家期刊有各家期刊的情况，投稿平台、审稿流程、审稿周期等，基本均是个性化的。

当前各种各样的期刊，均有市场需求。图情期刊，据北京大学《中文核心期刊要目总览》有 73 种，据中国知网出版物检索（图书情报与数字图书馆）有 68 种，若略去尚未取得 CN 号及已停刊的，大约 40 余种。以"论文"形式结题的省部级以上科研项目考核通常有硬指标。重视 CSSCI 来源期刊。7 月 10 日，我检索了一下，中国社会科学引文索引数据库，2016—2017 年共 165291 篇，2014—2017 年共 346797 篇。CSSCI（2017—2018）收录来源期刊，553 种。简单测算一下，2014—2017 年 4 年，以 553 种去平均一下，每种期刊每年发文量为 157 篇。图书馆、情报与文献学 20 种，其中两种为档案学期刊。进一步留意了一下数种图情期刊 2017 年的发文量：《中国图书馆学报》50 篇；《大学图书馆学报》105 篇；《图书情报知识》80 篇；《情报学报》136 篇；《图书情报工作》427 篇；《现代情报》341 篇；《图书馆学研究》394 篇；《图书馆论坛》241 篇；《图书与情报》129 篇。那些 CSSCI 来源期刊，除了完成科研项目需要，还有许多场合需要，比如研究生毕业、岗位绩效考核、职称晋升等。

9 月 15 日，我留意了几种期刊近期的发文情况。《中国图书馆学报》2018 年第 3 期，128 页，8 篇论文，其中国家自然科学基金、国家社科基金资助共 6 篇；2018 年第 4 期，128 页，7 篇论文，其中国家自然科学基金、国家社科基金资助共 7 篇。《图书情报知识》2018 年第 3 期，128 页，14 篇论文，其中国家自然科学基金、国家社科基金资助共 7 篇；教育部人文社科基金资助共 1 篇；《图书情报知识》2018 年第 4 期，128 页，13 篇论文，其中国家自然科学基金、国家社科基金资助共 4 篇，教育部人文社科基金资助共 1 篇。《图书情报工作》2018 年第 10 期，146 页，18 篇论文，其中国家自然科学基金、国家社科基金资助共 7 篇，教育部人文社科基金资助共 2 篇。《现代情报》2018 年第 9 期（9 月 15 日发布），177 页，26 篇，其中国家级科研项目 12 篇（占 46.2%），省部级科研项目 8 篇（占 30.8%）；2018 年第 8 期，177 页，23 篇，其中国家级科研项目 14 篇（占 60.9%），省部级科研项目 2 篇（占 8%）。笔者的印象是：上述诸刊，2018 年的发文量较 2017 年变小了；省部级以上科研项目资助成果所占比例较大，部分刊物有的刊期为 100%；无项目资助论文占的比例较少，而且其作者身份通常亦颇有份量（比如有知名教授、博导署名）。

各种目的的论文发表需求，通常是有时间节点的。除此之外，还因各种场合另有相对个性化的需求，比如被划分为若干等级，待遇相差是很悬殊的。同是 CSSCI 来源期刊，里边还可能细分成若干档次，比如有的机构将《中国图书馆学报》定义为"权威期刊"，一篇相当于其它 CSSCI 来源期刊两篇。科研人员多属于"运动员"。至于裁判员是谁，怎么裁判，谁知道呢？

时下，对于学术规范、学术诚信等较为重视。比如"文字复制比"，令多少作者、编者，苦不堪言。种种学术期刊评价，不少期刊感觉"压力山大"。在意是否为"核心期刊"？几个核心？（注：核心期刊评价有多家。）排名第几？发文量、发文质量、发文周期等方面有着诸多约束、诸多顾虑。

有一种折磨叫投稿，多一点了解，多一份理解。可以自我"疗伤"，也可以宽慰他人。

（2018 – 09 – 16）

图书馆职业能力观察与思考

　　近年，图书馆职业能力是我关注的焦点。今年，主要是利用参加学术会议或业务交流会的机遇，与国内外图书馆业界与学界同仁有一些交流，也实地参观了一批图书馆。这一批图书馆，列个清单大致是：南京图书馆、南京大学杜厦图书馆、重庆大学图书馆、重庆图书馆、徐州市图书馆、上海图书馆、上海杨浦区图书馆、江苏大学图书馆、镇江市图书馆、连云港市图书馆。

　　参观的深度，有的较深，有的较浅。有的得到了同行的带领与讲解，有的是自由参观。停留的时间，有的较长，有的较短。参观的过程中，随拍"镜头下的图书馆模样"照片。参观前后有做预习与复习，主要是通过网络检索相关信息，巩固一些"知识点"。有多家图书馆，还留下了一些参观记录。所参观的图书馆有的是首次去，有的是多次去。多次去的，每次所见所闻是不同的。

　　考察图书馆职业能力，可以有许多视角。馆舍环境、规章制度、图书馆网站、工作人员言谈举止、用户面貌（包括人流量、精神面貌、年龄结构）、社会服务等等。参观的过程中，可以看到好的，也可以看到不那么好的。有的可以公开表达，有的不适合公开表达。

　　总体来说，所列举的图书馆都挺漂亮，图书馆职业能力的表现各有所长，都有各自的可为空间，各有各的精彩，也可以感受到各自存在的或隐藏的无奈。出彩的图书馆，通常具有一批明星馆长、明星馆员，由于他们的特别能战斗、特别能吃苦、特别能奉献，在图书馆业界与学界赢得了良好声誉。不那么出彩的图书馆，也存在一批踏实肯干的图书馆人，在平凡的工作岗位中贡献自己的聪明才智。

　　图书馆事业的发展与社会环境（政治环境、经济环境、文化环境、科技环境、教育环境）等密切相关。近年来，公共图书馆事业发展进步很快，高校图书馆事业发展稍微逊色一些。青年馆员的引进与培养，关系着图书馆事业的未来走向。图书馆工作人员的老龄化或大龄化，困扰着许多图书馆。新入职青年馆员情况，公共图书馆比高校图书馆要好许多。图书馆职业能力有"内在的"（本身具备的）也"有外化的"（购买商业化的）；有昙花一现的也有历久弥新的……新业态环境下，关于图书馆事业的转型与变革是一种"必然"，新型图书馆职业能力是关注焦点，传统图书馆职业能力不那么"吸睛"。正确的态度是传承与开新并举。

（2018 – 11 – 16）